# Psychological Development and Team Training

# 心理拓展与团队训练

宋 怡 / 编著

中国科学技术大学出版社

## 内 容 简 介

本书从体验式教育与游戏化学习视角,借鉴团体心理辅导部分理念,呈现了自我探索、人际沟通、人际信任、团队合作、突破定势、团队领导等知识与实践主题。内容包括相关知识理论、16个教学实践案例以及30项备选教学活动,有助于教师有效开展课程。此外,还配备学习心得撰写版块,有助于学生在学习过程中增进感悟与反思的效果。

本书可作为团体心理活动课程各个教学阶段的指导学习用书。

**图书在版编目(CIP)数据**

心理拓展与团队训练/宋怡编著. —合肥:中国科学技术大学出版社,2019.5(2020.9重印)

ISBN 978-7-312-03311-7

Ⅰ.心… Ⅱ.宋… Ⅲ.大学生—心理健康—健康教育—高等学校—教材 Ⅳ.G444

中国版本图书馆CIP数据核字(2019)第047129号

**出版** 中国科学技术大学出版社
安徽省合肥市金寨路96号,230026
http://press.ustc.edu.cn
https://zgkxjsdxcbs.tmall.com

**印刷** 合肥华苑印刷包装有限公司

**发行** 中国科学技术大学出版社

**经销** 全国新华书店

**开本** 710 mm×1000 mm 1/16

**印张** 14.5

**字数** 243千

**版次** 2019年5月第1版

**印次** 2020年9月第2次印刷

**定价** 40.00元

# 前　言

2003年，作为研究生一年级的学生，我在华东师范大学心理学系的圆形实验室里看到了一则招募助理的广告。当我兴冲冲地抱着学习多媒体制作的想法，却莫名地加入了团体心理训练的学习小组时，完全想不到这个经历会带给我怎样的体验和改变。

从一个羞涩内敛的青年学生，到可以自如地带领100多名学生开展团体活动的教师；从反复地体验着各种活动，到指导他人开展活动；在不断的体验和学习中，感受着游戏化学习的乐趣和收获，这是一个自我成长和发现的过程。体验式学习、团体心理、自我探索、人际沟通、团队合作、领导力，这些名词都曾反复地出现在学习和实践的过程中，它们也将一一出现在本书里。

15年的时光沉淀，我虽然暂时只能做知识的搬运工，但也希望把积攒的团队课程经验做一些分享。因此，才有了这本书。

**本书使用说明：**

本书分为三个部分，分别是教学实践篇、知识拼图区和团体活动精选，并附部分学习者心得集锦。

*教学实践篇，供带领者在开展心理拓展与团队训练前做设计参考用。*这是笔者根据自己的学习和教学经历，编写的16个教学实践案例，包含教学思考、教学实际操作、讲解说明和项目总结基本引导框架等内容。教学带领者可以直接使用，也可以选用其中的部分内容，自行确定训练次数和内容安排。

*知识拼图区，供带领者在开展心理拓展与团队训练前做知识准备用。*这一部分包含了以方法分类的体验式学习、游戏化学习，以类型分类的户外拓展、历奇教育、团体辅导，以训练目标分类的自我探索、人际沟通、团队与合作以及挫折应对的相关知识。学习者亦可自行学习本部分内容，并在训练后用于分享，亦可增加训练深度和效果。

*团体活动精选，供带领者在开展心理拓展与团队训练前做课程设计用。*笔者挑选了30项团体活动作为教学实践篇里活动内容的补充，以供带领者选择适合自己的活动用于教学。

附录部分的学习者心得集锦，是参加过笔者开设的“心理拓展与团队训练”课程的一部分学生所写的心得。受篇幅所限，不能把所有心得都收入手册中。这部分内容可供带领者感受教学实践的一些效果，亦可作为带领者在开展训练过程中与学习者分享的经验素材。这部分也是对修读过该门课程的学生一份真诚的致谢。

本书既可作为“心理拓展与团队训练”等团体心理活动课程的教材，也可以作为教育工作者开展青少年团体心理教学与训练的参考教材。

从开始思考筹备到本书编写完成，前后也有一年多的时光，书稿恰好在中国科学技术大学60周年校庆之际基本完成。虽然本书价值微薄，但也包含着一份对学校的祝福。

在这段时光里，笔者得到了学校领导、同事及学生的支持和帮助。在此，诚挚地感谢中国科学技术大学研究生院万洪英老师、中国科学技术大学出版社对本书编撰和出版的大力支持，感谢华东师范大学叶斌老师、张麒老师，上海师范大学周圆老师以及香港突破基金会的老师们曾经的教诲和支持的部分内容资料，感谢好友叶雅鹏女士手绘的插画，感谢金钦等同学协助整理相关资料，感谢所有选修过“心理拓展与团队训练”课程的同学们，感谢我的家人一直以来给予的包容和鼓励，还有所有参考的书籍文献资料的作者，在此一并表示衷心的感谢。由于能力所限，本书存在不足或不当之处在所难免，恳请同行和读者批评指正。

本书的完成将会是我日后努力的新起点。

宋　怡

2018年9月20日

# 目　录

## 第3部分　团体活动精选

# 第1部分

# 教学实践篇

# 1.1 “我 是 谁”

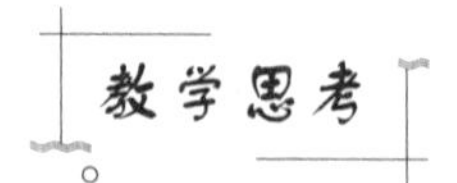


## 关于课程的“我是谁”

心理类团体训练课程强调学习者主动地投入和跟进，与“选择性挑战”的内涵相匹配。选择性挑战，即学习者可以自主选择参与挑战或只是作为挑战活动的观察者。

课程包含既定的主题框架、相对稳定的教学内容。第一次课，带领者需要首先向课程学习者介绍教学章节主题。学习者有选择的机会，如果课程安排符合其选择需求，那么就可以选择“同行”；如果与其需求并不吻合，学习者还有机会用这个时间段去学习其他课程。

## 关于学习者的“我是谁”

在这个注重双向选择的时代，带领者需要去了解学习者的学习动因与个性化需求。

了解两个关键问题——“为何而来？”“想要获得什么？”这有助于带领者在满足学习者需求的基础上完善后期的课程设置。

## 第一个项目“我是谁”

选择本课程的学习者大多抱着一个提升自我的想法，而“我是谁”这个问题是很多人从青春期就一直在思考的问题。

第一个项目“我是谁”，并不是一个深入探索个人内心的拷问式活动，而是一个有利于陌生人积极互动的开场活动，从而打开拓展之门。通过体验式的学习，可以让学习者相互之间增进接触，增强课堂融入氛围，同时带领者也可以立刻开始观察学习者的差异性。

## 教学实际操作

### 环节一：课程介绍

课程介绍包括课程名称、目标、意义，章节内容，理论知识传授与体验式学习所占比例，出勤与考核的要求，带领者的自我介绍。

### 环节二：为何而来

请每个学习者到讲台上作自我介绍(限定时间内)，并说明为何对本课程感兴趣，自己想要在课程中收获什么，自己将会投入什么。

如有特别抗拒者，不作强迫，可私下进行沟通、鼓励。

## 项目："我是谁"

场地要求：室内外均可。

参与人数：每队8~14人。

体验时长：30分钟。

➢ 操作步骤：

**第一阶段：**

第一阶段包括带领者示范和学习者体验。讲解说明时，带领者可以邀请两名学习者进行操作演示。

带领者扮演团队学习者，主动寻觅交流对象，与第一位交流对象交换身份信息后，再与第二位交流对象开展交流(见图1.1)。这样的操作演示有助于学习者更精准地了解项目操作细节。

图 1.1 学习者间开展交流

**讲解说明**

（1）在队伍中自由寻找交流对象。

（2）相遇—握手—微笑，交流彼此的姓名、家乡、兴趣爱好（也可以使用其他关键词）。完毕后，说："很高兴认识你。"此时，学习者彼此的身份信息交换完成。

（3）随后，带着对方传递过来的身份信息继续寻找下一位交流对象。

（4）尽量与团队中所有学习者都握手交流，并完成每一次的信息交换。

（5）时间截止后，全队围成一圈，进行本项目第二环阶段互动。

（6）特别要求：不允许使用纸、笔、智能手机等类似工具，要充分调用记忆力和专注力。

**第二阶段：**

在第二阶段中，带领者如果只面对一支队伍，则可以自行引导，如同时面对几支队伍，则可以要求大家统一听带领者口令，或在每支队伍中随机选择一名临时带领者，给予其以下书面版的讲解说明，由其引导队伍进行第二阶段活动。在第二阶段中，需等每个主题进行完毕后，再进入下一个主题。

**讲解说明**

（1）"现在的我是谁"。请每个人将自己最后的身份信息报出。其他人只需要认真听，不纠错、不反馈。

(2)“原版纠错”。每个人报出自己最后的身份信息后，若有些学习者的信息被报错，“原版”可以纠正错误的信息。

(3)“谁不见了”。核对有没有人身份信息“丢失”，即没有被报出。请这些人将自己的身份信息再报一遍。

(4)“出镜率高的感受”。请身份信息出现频率高的人反馈内心感受。

(5)“每个人的感受”。请每个学习者都表达一下自己在活动过程中的感受。如果时间充分，可以先让学习者写下自己的感受与思考，再进行口头表达。如果时间紧张，则可以让学习者先表达自己感受最深刻的一点，之后再记录自己的全部感受和思考。

➢ 项目总结：

1. 引导发现情绪感受

比如，问：刚刚的过程愉快吗？当你握住异性的手时，紧张吗？还是发现其实并没有想象中那么紧张？

2. 反馈观察结果

带领者在过程中需要仔细观察学习者的表现。当学习者积极投身于体验式学习时的细节得到你的关注和反馈时，他们会更愿意认真而专注地投入到后续的课程中。带领者可以在反馈时列举一两个细节，如表情的变化、肢体的变化等。

3. 倡导链接生活

比如，说：我们并不是要通过这个项目就立刻记住那么多人的信息，这只是一个开始，这样的项目可以让我们发现人际交流并不困难，甚至可以是一个愉快且有趣的事情。而且这些行为不仅仅可以发生在课堂上，当你们离开课堂，一样可以积极地彼此交流，可以更深入地了解对方，甚至去和更多人轻松地互动。你们可以把这个项目的结束作为课程链接生活的新起点。

## 课程收尾

随机做一些课程收尾工作，这可以成为点睛之笔。

例举：

第一课，我们有个自主选择的开始，这也是一个好的开始。

欢迎大家继续前来，我们将风雨同行。当然，若你选择离开，我们也不会因此对你有所不满。

下个星期，同一时间、同一地点，让我们再见！

# 1.2 惊鸿一瞥

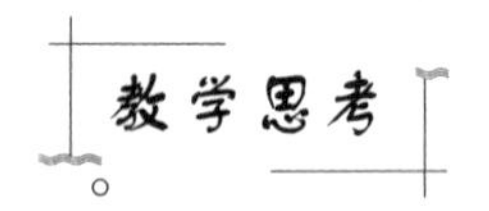


### 我们能否记住TA的脸？

每天从我们身边匆匆而过的人很多，我们经常在不同的场合遇到不同的人，惊鸿一瞥后又淹没为路人的情况可能每个人都曾遇到过。有些人，你也许还会记得名字，却在再次相逢时辨别不出他的脸。

强化训练是否能够帮助加强我们的记忆，将姓名与脸孔匹配起来呢？这值得一试。

### 站在对面就是对手吗？

在擂台的两端、在球网的两端、在战场的两端，我们其实对对手的概念并不陌生。很多时候，两个人只是站在了彼此的对面，似乎就成为了竞争的对手。

今天，我们随机站在幕布的两端，体验一个看上去时刻在竞争的项目。那么，我们是对手吗？

### 何为输赢？

这个项目中充满了表面的"输赢"场景。几乎每个人都能体验到即将到达胜利的巅峰或走向失败的深渊的感受。

最终的结果会让我们再次审视"何为输赢"。

### 每个人不同的"团队归属感"

有些人似乎天生就有很强烈的团队归属感。他们遵循着"从一而终"的原则，第一次随机被分配到哪支队伍里，就一直保留着属于这支队伍的初心。

而另一些人则无法轻易体验到团队归属感。他们需要经历很多磨合的过程以感受自己对同行群体的接纳与认可，进而才会产生团队归属感。在没有经历这些之前，他们是自由的，可流动的。

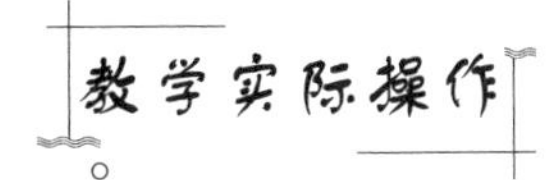

## 项目：惊鸿一瞥

场地要求：室内外均可。

参与人数：每队8~14人，每2支队伍为1组，配合完成体验。

体验时长：40分钟。

项目道具：帘幕（不透光，不小于2米×2米为宜）。

➢ 操作步骤：

**讲解说明**

（1）全体学习者做最初步的认识，认识的关键是尽量将姓名和面孔对应记住。

（2）全体学习者自由组成人数均等（相差一人亦可）的两支队伍。

（3）两支队伍中各抽取一人，共同负责拉起一张帘幕，成为两队学习者之间的挡隔。

（4）两队剩余的学习者分别藏于帘幕两侧，不能被帘幕对面的人看见。

（5）带领者负责控制现场，每次倒数10秒后，两队必须各派一人，蹲立帘幕两侧，当听到口令“1，2，3”，而后帘幕落下，蹲立者立刻站起，辨认对面的学习者，并同时大声喊出对方的名字。正确者获胜，可以“俘虏”对方，使对方加入自己阵营；若两人同时准确地喊出对方的名字，就相互“俘虏”，不变换阵营；若两人都喊错，就交换阵营。除派出的蹲立者外，其他学习者不可做任何提示，如果违规，则自动被“俘虏”到对方阵营。

（6）被“俘虏”者即刻加入新阵营。

（7）全体学习者在同一阵营时活动结束（亦可根据课程时间设定某一时间点）。

（8）学习者需轮流当蹲立者，一个阵营内的全体学习者都经历一次后才能再循环。具体顺序不限。

(9) 项目进行过半时,可以挑选另外两人代替最初拉起帘幕的两人,让每个人都能加入到项目中进行体验。

(10) 特别要求:不允许使用纸、笔、智能手机等类似记录工具。全部过程需要充分调动记忆力和专注力。

➢ 项目总结:

1. 引导发现情绪感受

比如,问:蹲在帘幕前的感受是怎样的? 被“俘虏”的感受是怎样的?“俘虏”了别人的感受是怎样的?

2. 反馈观察结果

比如,说:有些人在第一次被“俘虏”后并不会积极地投入新阵营,而是在互动中故意再次被“俘虏”,回到最初所在阵营,在很短的组队时间内表现出对最初所在阵营的归属感。而有些人在被“俘虏”后则没有那么明显的抵抗情绪,积极投入新的互动中。

比如,说:有些人在互动中展现了出色的记忆能力。

3. 提问引发思考

比如,说:活动到最后,似乎总会分出个胜负,但到底是哪一个阵营最终取胜了呢?

4. 倡导链接生活

比如,说:生活里,有时候我们也会与一些人处于竞争的状态,但在我们的内心未必只能把对方当做对手,还可以通过目标调整或方式调整来实现共赢。

## 课程收尾

例举:

虽然我们曾为对手,但是将来亦可成为队友。

共赢的人生,需要我们更加努力!

下个星期,同一时间、同一地点,让我们再见!

# 1.3 盲行“天使”

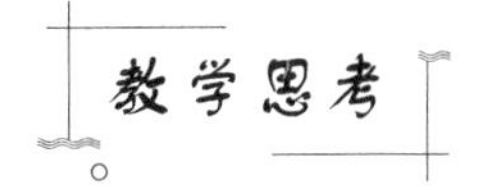

## 当我们蒙住双眼，世界有何不同

当我们拥有明亮的眼睛时，外部世界的很多信息会自然地被视线收集。但当我们蒙住双眼时，世界是否会跟我们看得见时不一样？除了拥有视觉，人还拥有听觉、嗅觉、味觉、触觉，可以感受到风吹过耳畔的声音、花圃里的香气、露水的味道、草尖刺手的触感……

## 如何才能让他感受到安全

加油，鼓励他！

牵手，握紧他！

高歌，感染他！

当我们要做他人的“天使”时，如何才能让对方感到安全，信任我们，让他将我们的眼当做自己的眼，让他放松地跟随着我们去感受？这值得思考，值得尝试。

## 我能不能感到恐惧

我们习惯了自己看见，自己把握，依靠自己。当我们看不见时，有可能会感觉有一堵厚厚的墙挡在前方，心中有着无法扼制的恐惧。如果我承认自己的恐惧和担忧，是否会显得我不够信任他人？

## 你的“天使”和作为“天使”的你

人与人之间的相处，可以互为“天使”，也可以互为“恶魔”。你的“天使”给了你怎样的体验？而你怎样才能成为别人的“天使”？

有了“天使”，不再盲行。

## 教学实际操作

### 项目:盲行“天使”

场地要求:室外最佳。

参与人数:2人1组。

体验时长:40分钟。

项目道具:眼罩(2人1个或1人1个)。

➢ **操作步骤:**

**讲解说明**

(1) 两两搭档,最好男女组合,因为性别的差异会带来不同的体验(见图1.2)。

(a) (b) (c)

**图1.2 盲行“天使”**

(2) 出发时一人用眼罩蒙住双眼,另一人自动成为“天使”,引导被蒙住眼睛的人去限定区域(如校园)进行行走体验。20分钟后,两人交换身份。交换后,“天使”需将同伴带回。

(3) 在安全第一的前提下,行走路线、体验内容均可由学习者自行安排。

(4) 回到出发点后,学习者互相分享过程中的感受。

(5) 特别提示:摘下眼罩后应闭眼10秒再睁开,让眼睛逐渐适应光线。

➢ 项目总结:

1. 引导发现情绪感受

比如,问:活动过程中你最深刻的感受是什么?最特别的感受是什么?

当你带上眼罩时,你的感受是什么?

当你成为“天使”时,你的感受是什么?

2. 提问引发思考

比如,问:你作为“天使”时,通过什么方法让对方感到了安全?为什么?

当你被“天使”引领时,你和“天使”间的互动是怎样的?

你是否会通过有效沟通让“天使”为你提供更好的带领?

3. 倡导链接生活

比如,问:在生活里我们如何做他人的“天使”?

## 课程收尾

例举:

当我面前一片黑暗时,我听得见更多、我闻得到更多、我摸得到更多,我的世界依旧在,而且还有他在我身边;当我是一名“天使”时,我要让他听见更多、闻到更多、摸到更多、感受更多,因为我们互相陪伴同行,让彼此的生活变得更加丰富、明媚。

下个星期,同一时间、同一地点,让我们再见!

# 1.4 团队初建+团队任务设计

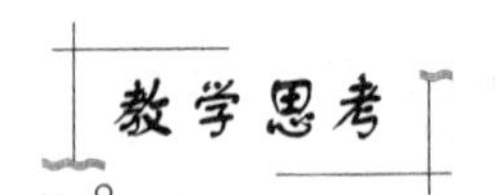


### 团队的核心——领导者还是追随者

好的领导者可以带领团队前行，每个追随者都很希望自己能遇到好的领导者；而好的领导者也会感叹，如果有好的追随者，自己就不会那么辛劳，而且团队也能够走得更远。

追随者是一个主动的角色，可以选择追随，也可以选择离开。追随值得追随的人，在必要时也可以转换身份做临时的领导者，这才是出色的追随者。

### 目标导向——未来指导当下，每个团队不一样

团队最初一定要有一个共同认可的目标，那是一个可以引导团队最终获得成果的东西，也是真正凝聚团队的核心内容。有团队追求轻松舒适，有团队追求内省自律，也有团队追求其他，各有特点，各不相同。

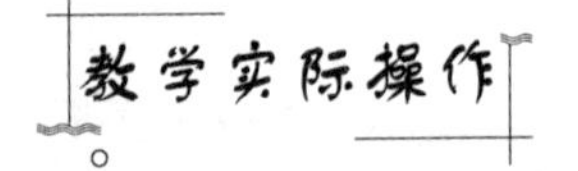


## 项目：团队初建+团队任务设计

场地要求：室内外均可。

参与人数：每队8~14人。

体验时长：40分钟。

项目道具：海报纸(60厘米×80厘米)若干、24色水彩笔若干套。

➢ 操作步骤:

**讲解说明**

(1) 假定每个学习者都想要成为一个团队的领导者,要以自己的任务目标为核心来组建一个团队,请在限定时间内写下你想要实现的团队任务目标(亦可将此项作为1.4的课后作业布置,需在第五课前完成)。

(2) 请带着你的团队任务目标去寻找愿意跟随你实现目标的队员。

(3) 团队人数达标后,请首先选出总队长,再确定每次子任务的临时队长。

(4) 前往带领者处领取项目道具,并同心协力围绕团队任务目标,拟定队名,设计队训、队旗,编制队歌(曲可以借用,词必须新填,不少于8句,并且不能重复)。

(5) 在限定时间内完成团队初建,由每队总队长带领全队学习者进行成果展示(见图1.3)。

(6) 在编制队歌时,可以上网查询乐曲作为参考。

图1.3　队旗

➢ 项目总结:

1. 引导发现情绪感受

比如,问:刚才的过程中,有什么特别的体验? 对自己或队友有什么新的发现? 唱着自己创作的队歌是怎样的心情?

2. 反馈观察结果

比如,问:在项目进展到什么程度时,出现了任务分工的安排? 有没有人在自主进行时间管理和任务协调? 如何从开始的没有思路和忙乱,转变为后续的创新和有条不紊?

3. 提问引发思考

比如,问:你们对自己和队友有什么新的发现? 对团队的概念有了一些什么新的理解?

4. 倡导链接生活

比如,问:生活里,有时候我们也会和一些人处于竞争的状态,但在我们的内心未必只能把对方当成对手,可以通过目标调整或方式调整来实现共赢。

## 课程收尾

例举:

从现在开始,你们就踏上了团队建设的征途。希望你们将课程里点滴的收获,都融入团队目标实现的过程中。带上你们的智慧,携手前进吧!

下个星期,同一时间、同一地点,让我们再见!

# 1.5 如果我是你

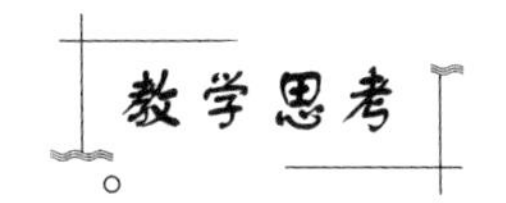


### 下意识标签的形成通常源自经验

如果有个人在你的印象中经常穿红色的衣服，背红色的包，那么你对他偏爱的颜色判断一定会形成一个倾向性结论。可是，这个“经常”到底是什么样的时间频率？在什么样的生活背景下？若不深入接触，这样的判断可能并不明晰或精确。所以，很多下意识标签的形成是源自我们自己的经验，并不一定代表别人的想法。

### 通过交流可以发现更多

为了简化对他人的认识过程，人类通过自己的判断得出一些关于他人的结论是一种进化的结果，是社会适应的表现之一。深入地了解队友，尤其是对其心理特点和思维世界的了解，是要建立在深入交流的基础上的。

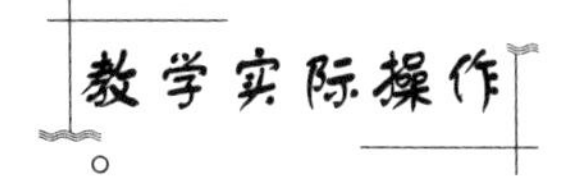


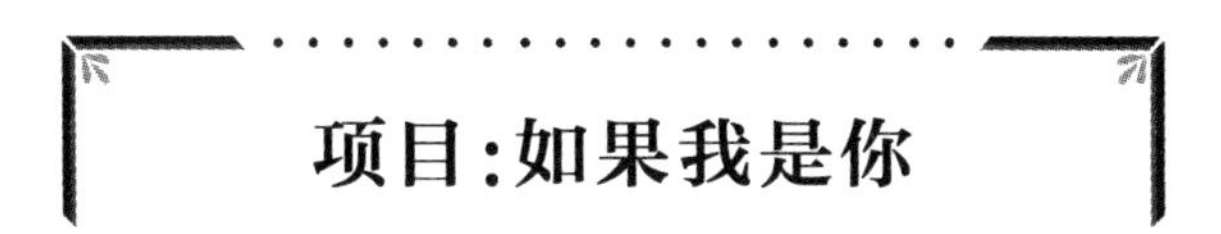


场地要求：室内为宜。

参与人数：2人搭档，可以队内搭配，也可以是同一课堂内的队间交叉。

体验时长：90分钟。

➢ 操作步骤:

(1) 任意两人搭档体验本项目,彼此间越不熟悉越好。

(2) 选好搭档后,两人坐在一起,先不要进行语言交流,根据自己对对方的观察来填写“如果我是你”的工作纸(见表1.1)。

(3) 填完之后,双方交换工作纸,请对完整准确的结果标上“√”,完全不准确的结果标上“×”,部分准确又似乎还不完善的结果标上“○”。

(4) 请基于标注完毕的工作纸,相互交流,了解对方。

(5) 工作纸填写完毕前,一定要忍住向对方询问的冲动,但可以仔细地观察。

**表1.1 如果我是你**

| 想象你是你的搭档,完成下列句子。 |
|---|
| 我喜欢的颜色是________,因为________。 |
| 一天之中我最喜欢的时间是________。 |
| 我特别讨厌________。 |
| 我最喜欢的音乐是________。 |
| 有时候我担心________。 |
| 我最大的恐惧是________。 |
| 我喜欢的人的特点是________。 |
| 人们喜欢我是因为________。 |
| 如果在我的卧室里看见老鼠,我会________。 |
| 如果我能去世界上的某个地方旅游,我会去________。 |
| 如果我赢了一大笔钱,我会________。 |
| 对我来说最好的一天意味着________。 |
| 如果一个热气球降落在我家的院子里,驾驶员对我说:“上来跟我一起坐吧!”我会________。<br>________。 |
| 如果有人邀请我加入周游世界的船队,我会________。 |
| 如果有人给我提供一个到国外工作的机会,我会________。 |
| 如果我有机会选择:一个有趣但报酬低下,一个无趣但报酬丰厚的工作,我会________<br>________。 |

完成以上表格,和你的团队学习者分享你所写的内容。

## 课程收尾

例举:

每个人都有自己的独特之处,可我们彼此间又会有一些相似之处。让我们深入地了解彼此,成为更加融洽的团队。

下个星期,同一时间、同一地点,让我们再见!

# 1.6 如果我是……

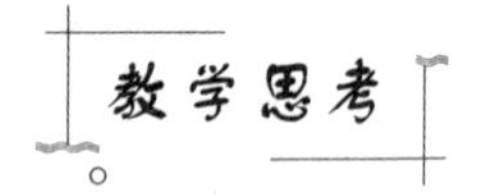


**假如我不是我，假如我可以是……**

大自然中并非只有人类这一种生物，我们常常也会给其他生物体贴上各种拟人的标签，或者用它们来比喻某一些人。有时候，那些特点很美好很值得拥有，所以我们会十分期盼和向往，希望也能拥有。也有一些时候，是因为我们好像也具有那样的特点，为了让他人更加形象地感受到，所以用一些替代性的类比，帮助我们能更好地阐明"我"。

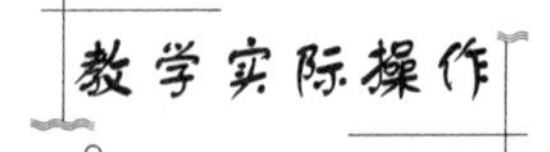


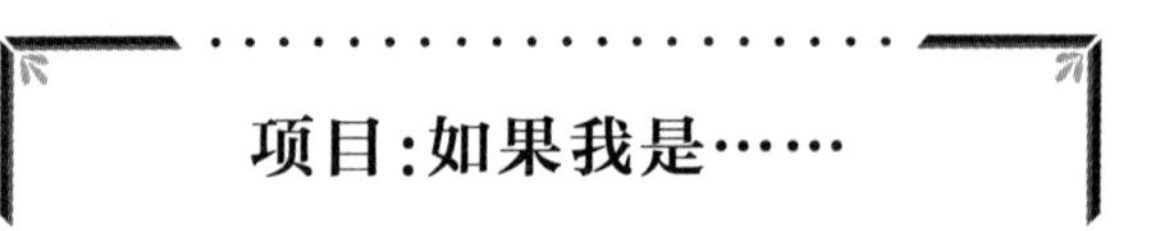


场地要求：室内为宜。

参与人数：每队12~16人。

体验时长：90分钟。

➢ 操作步骤：

（1）每人先自行在"如果我是……"工作纸（见表1.2）上填写内容，填写过程中不要与他人交流。

（2）在团队内基于工作纸上的内容进行分享。如果对他人工作纸上的内容感到好奇，可以追问。但被提问的人可以选择回答或不回答提问。

（3）完成下面的表格，和你的团队学习者分享你所写的内容。

表 1.2　如果我是……

| 如果我是 | 我希望是 | 因　　为 |
| --- | --- | --- |
| 一朵花 | | |
| 一棵树 | | |
| 一种鸟 | | |
| 一种颜色 | | |
| 一件乐器 | | |
| 一种家具 | | |
| 一种食物 | | |
| 一种昆虫 | | |
| 一所学校 | | |
| 一种游戏 | | |
| 一项纪录 | | |
| 一部影片 | | |

## 课程收尾

例举：

每个人都有自己的独特之处，可我们彼此间又会有一些相似之处。

让我们深入地了解彼此，成为更加融洽的团队学习者。

下个星期，同一时间、同一地点，让我们再见！

# 1.7 蚂蚁军团(翻叶子)

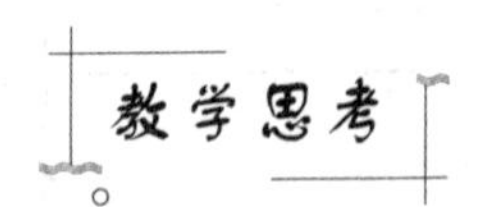


### 当我们成为队友时,一个都不能少

在解决问题的过程中,当资源储备不足时,有时我们会觉得如果没有这么多同行者,问题反而容易解决。但是,伙伴并不是你需要时如影随形,不需要时便烟消云散的,一路同行的队友是不能放弃的。

### 尺有所短,寸有所长

人们一般认为,高大的人似乎会占据更大的空间和更多的资源,矮小的人似乎不容易看到拥挤空间里的全局,单薄瘦弱的人似乎缺乏必要的力量。可是,在有些任务里,我们既需要稳稳的"砥柱",也需要灵活的"操盘手"和轻盈的"配合者"。每个人身上都有他自己未曾被发现的潜力。

### 不识庐山真面目,只缘身在此山中

在有些挑战中,每个人似乎都不能看到其他人具体在做些什么。虽然我们有言语沟通系统,在过程中也会有身体感知,但是突发情境下的反馈沟通意识和机制通常都非常匮乏。

### 付出汗水后的收获似乎更美好

在这个项目里,大多数人的肢体动作幅度都不大,但却常常会汗流浃背,感到肢体酸痛。因为项目要求队员一个都不少地闯过此关,所以我们会竭尽所能地释放身体与智慧的力量。

当不可思议的结果出现时,蚂蚁军团的欢呼声响起,队员汗水滴落,笑容灿烂。

# 项目:蚂蚁军团(翻叶子)

场地要求:室内外均可。

参与人数:每队12~16人。

体验时长:40分钟。

项目道具:边长为1.5米的正方形帆布。

➢ 操作步骤:

**讲解说明**

(1) 请每个团队都分别站到一块帆布上,然后给大家讲这个项目的背景故事。

(2) 背景故事:你们现在化身"蚂蚁军团",在行军过程中遇到了一条危险的河流。幸运的是,你们发现了一片非常大的树叶,足够让所有人都站在上面一起过河。可是离开岸边不久,你们发现脚踩的树叶向上的一面其实有毒,必须在限定时间内将脚下的叶面翻过来,才能保证大家的安全(见图1.4)。

(3) 从开始直到完成"翻叶子",所有"蚂蚁"都必须站在叶子上,并且所有"蚂蚁"身体的任意部位都不能接触"河流表面"(地面)。

(4) 在挑战过程中,安全第一。如有全体倾倒的趋势,必须及时停止挑战。任意一只"蚂蚁"如不慎落入"河流"(身体任意部位碰触地面),则需全体停下,回到初始状态重新开始挑战。

(5) 项目限时为40分钟,若时间用完,挑战无论成败都宣告结束。

图 1.4 蚂蚁军团

➢ 项目总结:

1. 引导发现情绪感受

比如,说:刚刚完成了挑战,听到了大家的欢呼和掌声。

现在,让我们为自己再鼓次掌。请每个学习者说一下,挑战过程中自己印象最深刻的时刻。

比如,说:虽然最终挑战没有完成,但让我们为全体学习者的坚持不懈鼓掌。我们暂时不要去计较结果,先回味一下挑战过程中给自己最深刻的感受。

2. 反馈观察结果

比如,说:大家紧紧拉着彼此的手,汗水流淌在脸上,体现了大家都全身心地投入活动。

某某一直蹲在那里,一点点地掀着大家脚下的“叶面”,直到最后都快站不起来了,非常专注,也非常辛苦,但他却没有表现出一点不愉快。

过程中,当出现不同的意见和方案时,每个人的反应都是不同的。

3. 提问引发思考

比如,问:你在过程中处于什么样的角色?如果可以选择,你想承担什么角色,为什么？如果你是观察员,会给“蚂蚁军团”提出什么优化的建议？

4. 倡导链接生活

比如,说:在生活里,常会有看起来似乎无法完成的任务,这往往需要长时间的坚持和努力,才能实现目标。

## 课程收尾

例举:

从最初的每个人到现在的“蚂蚁军团”,从每个单独的个体到“亲密无间”的团体,变化已经发生。

下个星期,同一时间、同一地点,让我们再见!

# 1.8 冲出亚马孙

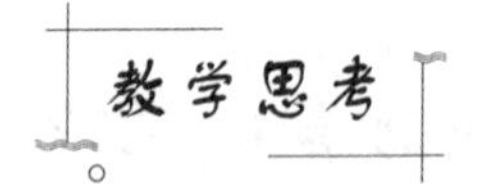


### 这个挑战真的可以完成吗?

虽然,每一次挑战都要朝着胜利去努力,但是那么长的挑战距离,那么少的可用资源,“巧妇难为无米之炊”,这样的任务真的可以完成吗?

面对某些挑战,这样的疑惑可能会出现在学习者的心中。但这并不是一件糟糕的事情,它显示了在面对具体情境时,团队学习者们虽然满怀热情,却保持着冷静思考的理性。

### 不能发出声音的挑战,该如何应对

在挑战的过程中,及时的语言交流与反馈通常是解决突发问题的关键,我们也早已习惯在遇到问题后,不断沟通协调,改善最初的方案。

但这次的学习者要在静谧中完成行动任务,这意味着他们要提前把方案构思清楚,对可能发生什么问题进行预判,并且确定在问题出现时要以什么形式的非言语方式进行沟通。

完成挑战需要学习者对每一个细节进行把控。

### 无间的洗礼夯实了团队的亲密感

没有走完最后一步,大家往往都不敢相信,原来自己是可以完成挑战的。在遇到问题时要忍住不发出声音真的很难;在遇到挑战危机时真的很紧张;在因为违规不得不重新来过时真的有些沮丧,但学习者一直互相扶持、激励着。最终完成挑战的时候,大家心中翻涌着难以抑制的喜悦,每个人都感受到了团队的力量。

## 教学实际操作

### 项目:冲出亚马孙

场地要求:室内外均可。

参与人数:每队12~16人。

体验时长:40分钟。

项目道具:实心木砖(按每10人拥有6块砖的比例进行道具配置)。

➢ 操作步骤:

**讲解说明**

(1) 背景故事:现在,每个队伍都化身为特工小分队。你们在神秘的亚马孙丛林执行一项秘密任务后,现在正在撤离中。你们面前出现了神秘的亚马孙河流,需要在限定时间内,穿过河流,到达彼岸。河流中潜伏着一些未知的生物,丛林中也有一些危险的生物存在,因此你们在渡过亚马孙河流时,务必谨记,不能发出任何声音。水流湍急,当木砖漂浮于河面上时,必须有学习者的肢体与其保持接触,否则木砖将会被河流中的不明生物"夺走"。所有学习者的身体任意部位均不可接触到河面。由于手头的渡河工具有限,默认只有行囊中的木砖可以漂浮在河面上,并能承受你们每个人的重量。你们需要全体一起行动,一次性共同渡过河流。请记住,完成此项挑战时,你们可利用的资源只有一定数量的木砖和你们的身体、智慧。

(2) 当木砖漂浮在"河面(地面)"上时,如果没有学习者的肢体与之接触,即默认被"夺走"(带领者将拿走木砖)。

(3) 任意学习者身体的任意部位接触到"河面(地面)",或发出声音,均属于违规。此时,无论团队挑战进行到哪个阶段,都要重新开始。

(4) 在限定时间内,队伍全体学习者一次性从起始端到达终点端,即为挑战成功。

(5) 结尾特别设置:由于木砖数量比学习者人数少,因此挑战中木砖是可以重复使用的。但当最后只剩少数学习者没有到达终点端时,很多学习者会不再继续保护木砖不被夺走,导致木砖资源的损失。当学习者庆祝第一次成功时,带领者可以说:"现在请进行下一段挑战,即用你们现有的资源再次渡河。"此时,学习者会发现木砖不够用了,从而意识到资源是不应被轻易丢弃的。

➢ 项目总结:

1. 引导发现情绪感受

比如,问:挑战之初,你们觉得这个任务可以完成吗?过程中你获得的最深刻的感受是什么?

2. 反馈观察结果

比如,说:给你们看一下刚才挑战中大家的照片吧。

图 1.5 冲出亚马孙

3. 倡导链接生活

生活中有时会遇到看上去似乎无法完成的任务,那时要相信自己,深思熟虑,制订有效的应对方案。同时,也要善于借助他人的力量,群体的合力或许会让解决问题更加顺利。

## 课程收尾

例举:

经过团队不懈的合作与坚持,看上去似乎不可能完成的任务也能完成!

下个星期,同一时间、同一地点,让我们再见!

# 1.9 数字城堡

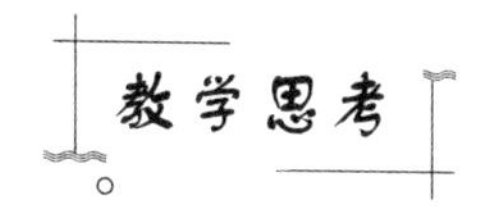

### 看上去不难就会很容易完成吗？

“完成这个任务似乎不困难，说白了就是配合嘛！”可是配合真的是那么容易的事情吗？往往只有亲身经历了，才能真正懂得。

### 默契的达成需要不断的磨合？

为何这么近的距离，抛个球都接不住？

为何我明明准备好了，却并没有出现完美衔接的一幕？

明明每个人需要做的事情都很简单，可为何大家配合之后，却出现了手忙脚乱的局面？

这一切都是因为团队默契的达成，需要花费时间、不断互动来反复磨合。

### 需不需要领导者？

团体活动中，大家有时会觉得每个人都清楚该怎么做，甚至不需要制订详细的方案，当然更不会觉得需要领导者。

可是杂乱无章的试误、反复重来的打击，会对团队的信心造成很大影响，有时由一个声音来拍板可以提高任务完成的效率。

### 最佳的领导者？

临时的领导者会在什么时候出现？任务难度不高，团队却反复受挫之时？

什么样特点的人会成为临时领导者？嗓门最大？人格魅力？方案最佳？

什么样的人是最佳的领导者？当纷繁的声音渐渐隐没，大家默认听从一个人的声音，并放下自我的坚持，愿意做一个默契度高、配合度高的追随者时，被推选出的那个人,往往就是最佳的领导者。

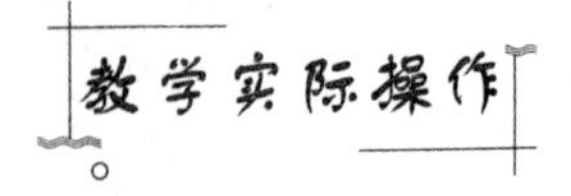


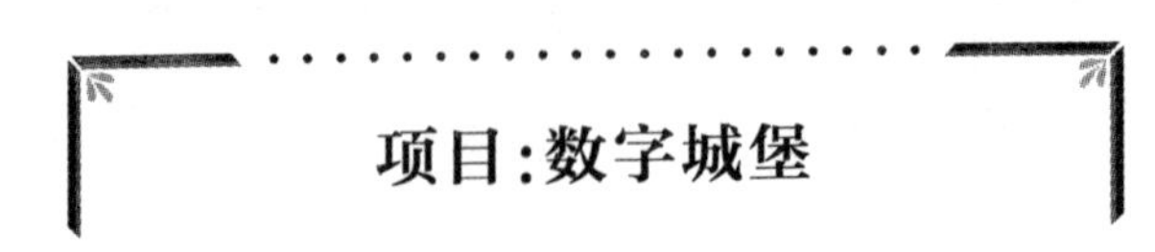


场地要求:室内外均可。

参与人数:每队12~16人。

体验时长:40分钟。

项目道具:每队1张1.8平方米的数字喷绘图、1个网球。

➢ 操作步骤:

**讲解说明**

(1) 请每队学习者分别手持网球进入数字城堡(见图1.6),用脚依次踩1~50的号码,学习者人均踩到数字需不少于3个,完成挑战的用时越短越好。

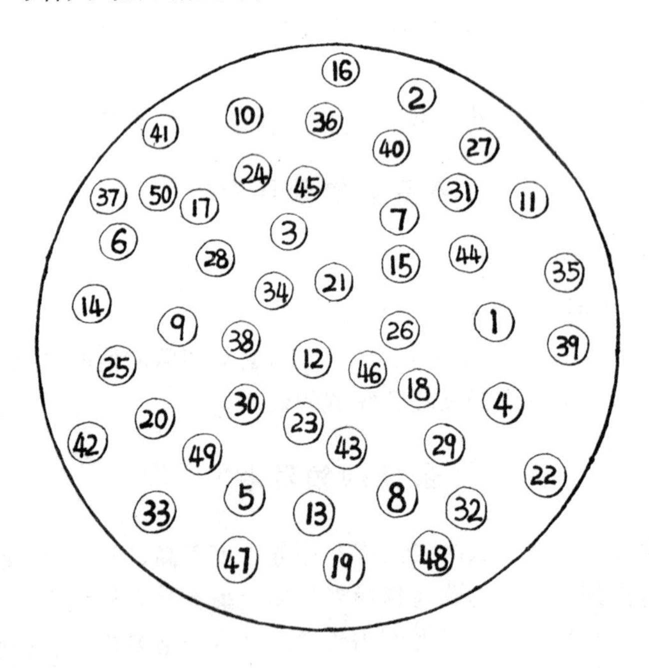


图1.6 数字城堡

（2）同时进入数字城堡挑战的只能有一人，进入数字城堡的学习者必须手持网球。例如，一个学习者手持网球进入数字城堡挑战，踩了数字1、2、3后，该队员快速跳出数字城堡，并将网球交给下一个学习者，下一个学习者方可进入数字城堡挑战，踩4、5、6……

（3）整个过程中网球不能掉落。如果掉落则需重新开始挑战。

（4）数字需按照顺序踩，不允许错踩、漏踩、跳踩。如果违规，重新开始挑战。

➢ 项目总结：

1. 引导发现情绪感受

比如，问：反复重来时，大家的感受是怎样的？过程中，你是否有什么特别的感受？

2. 反馈观察结果

比如，说：大家刚接到任务时都信心满满，觉得应该能够很快完成，并且速度会越来越快。可是反复违规重来后，大家似乎对是否能完成任务有一些不确定，出错时也会有些着急。提出建议的人很多，但是三三两两的分散状态对任务完成的影响十分大。

直到大家渐渐安静下来，决定由一个人来给出指令引导，而其他人按照分工，专心完成自己的任务时，团队才慢慢有了秩序感和默契。

3. 提问引发思考

比如，说：这个任务简单吗？面对看上去简单的任务，我们可能会忽略什么方面？

4. 倡导链接生活

生活里是否有时也像挑战中那样？我们好像是团队，但又像是散沙一堆，无法很好地彼此配合。以后遇到这样的情况，你会用不同的应对方法吗？

## 课程收尾

例举：

看上去很简单的任务，也不见得就那么容易完成。当我们愿意让一个人来引导，而其他人都专注地去配合时，团队默契就能在不断的磨合中形成。

下个星期，同一时间、同一地点，让我们再见！

# 1.10 齐 眉 棍

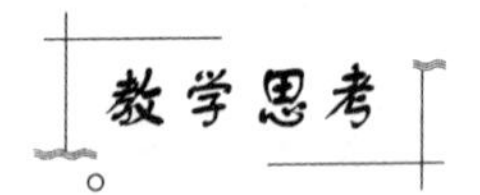


### 不降反升的奇观

我们的目标是向下降,可为什么会事与愿违呢?明明每个人都在喊“降,降,降”,为什么齐眉棍偏偏背道而驰呢?

挑战齐眉棍需要既不能脱离,也不能用力。因为稍微用一点力气,就会出现不降反升的奇观。

问题在哪里?如何去解决?这需要大家去亲身体验。

### 改进,但“改”是不是一定会“进”呢?

这个方案似乎不能实现目标,那就换一个吧。

减小支撑力?减少支撑点?增加人数?选择合适的身体姿势?

方案的不断改变,是否一定就会带来改进?是否能够实现目标?

这一切都还是未知数。

### 假如失败了,我们怎么办?

并不是所有的任务都能挑战成功。齐眉棍就是一个很容易失败的任务。

假如失败了,学习者会感受到什么?带领者会看到什么?团队的凝聚力会不会受到冲击?

假如真的失败了,我们也能从中汲取有益经验!

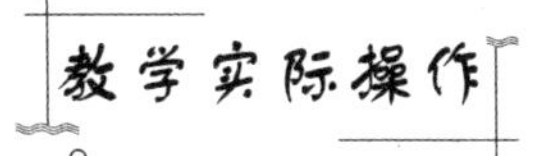

## 项目:齐眉棍

场地要求:室内外均可。

参与人数:每队12~16人。

体验时长:40分钟。

项目道具:每队1个材质很轻的空心塑料棍。

➢ 操作步骤:

**讲解说明**

(1) 请仔细观察带领者演示挑战所用的固定手势。双手伸至身体前方,掌心相对,除食指外其他手指握拳,食指伸直,处于同一高度(见图1.7)。在任务挑战过程中,必须保持固定手势,对其他身体动作或姿势不做要求。

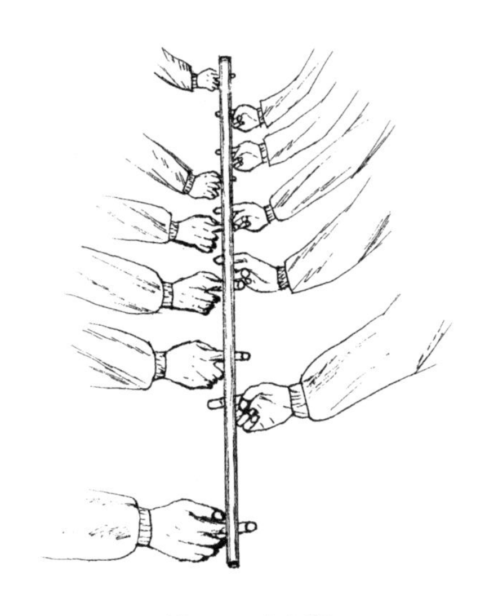

图1.7 齐眉棍

(2) 每队学习者分成两队,面对面站立,做出固定手势。带领者将齐眉棍放到大家伸出的食指上。齐眉棍与地面应尽可能保持平行。

(3) 齐眉棍初始高度以团队学习者中身高居中者的眉毛的高度为准(故此项目称“齐眉棍”)。

(4) 全体学习者一起将食指上架起的齐眉棍持续向下放,直到齐眉棍落到指定学习者的膝盖处,即为挑战成功。

(5) 齐眉棍在下落过程中,须尽力保持与地面水平,且每个学习者的食指均不可脱离与齐眉棍的接触,必须位于下方支撑齐眉棍。如有违规,则需从头开始。

(6) 在限定时间完成该挑战。因违规等从头开始时,计时不中断。

➢ 项目总结:

1. 引导发现情绪感受

比如,问:当大家一起喊“降”,却眼睁睁看着齐眉棍不降反升时,有什么样的感受?当自己被指出食指脱离齐眉棍时,是怎样的感受?当齐眉棍在中途始终僵持不下时,你的感受是怎样的?

2. 反馈观察结果

比如,说:一直保持支撑的状态是非常辛苦的。虽然好像不需要很大的运动量,但是手臂和身体却会感到很疲劳。即使如此,大家依然坚持到底,真的很棒!

比如,说:过程中,大家常常停下来,提出一个新的应对策略,尝试一会儿后又觉得不好,再次从头开始。虽然修改方案很重要,但是好像没有任何一个方案能够获得成功。

3. 提问引发思考

比如,问:应对策略的不断改变会促进挑战完成还是影响挑战进度?如果只用一种方案,但坚持不懈地反复练习,是否更容易达到成功?

## 课程收尾

例举:

小小的动作,也会让人很辛苦。方案的变化是会带来改进,还是导致停滞?这还值得我们思考。

虽然这个任务没有获得成功,但也让我们看到了团队合作中还有很多需要完善的地方,这样的收获还是很有意义的!

下个星期,同一时间、同一地点,让我们再见!

# 1.11 盲人方阵

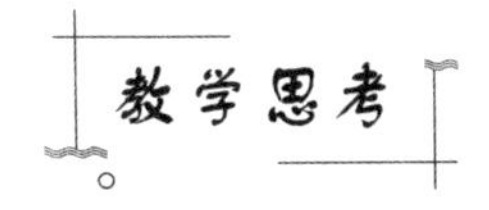


### 看不见带来的难度

学习者散落各处，看不见彼此，大家也不知道道具在哪里，往往会感到一片茫然。

这对于学习者来说是前所未有的体验。没有“天使”协助的“盲人”，要如何完成困难的挑战？

### 绝对需要领导者

跟我来！

让我们排个序！

请每个人记住自己要做的事情！

请每个人听我的指令！

我们能够完成！

不要着急，不要慌乱，相信自己，相信团队！

在这样的挑战中，脱颖而出的领导者将有效推动任务的完成。

智慧是应对问题的重要武器。

看不见会让沟通障碍增加很多，但是智慧的光芒在黑暗中也不会湮灭。

看不见时，任务的完成需要学习者更冷静地思考、有条理地安排，彼此间默契耐心地配合。

智慧，是最为重要的武器，大家一定要用起来。

## 教学实际操作

### 项目:盲人方阵

场地要求:室内外均可(每队约需50平方米平整、开阔的空间,多团队共同参与项目时,可选用操场)。

参与人数:每队12~16人。

体验时长:40分钟。

项目道具:每队1条长15米、直径1.5厘米的绳索,与学习者同等数量的眼罩。

➤ 操作步骤:

**讲解说明**

(1) 故事背景:你们再次化身特工人员。由于在野外误食了奇异的果实,在接下来一段时间里,你们将短暂失明。为了保障大家的安全,你们需要用找到的一堆绳索,建成一个防御工事,直到视力恢复。

(2) 每个学习者均需戴上眼罩,并确保完全看不到亮光。

(3) 带领者将学习者散开置于场地各处,每个学习者间距离不等。

(4) 每队学习者需要在身边不超过5米的范围内找到一堆绳索,并在限定时间内(40分钟),将绳索围成一个可实现的最大的正方形,最后所有人相对均匀地分布在这个正方形的四条边上(见图1.8)。

(5) 整个挑战进行过程中,任何人不得摘去眼罩。确认挑战完成后,学习者将绳索踩在脚下,由带领者进行确认,才能倒数10秒,摘下眼罩。

(6) 在盲行过程中,学习者应双臂半曲,双手平摊置于胸前,不得背手行走,严禁蹲在地上,注意不要被绳索绊倒,不得猛烈甩动绳索,不能奔跑。

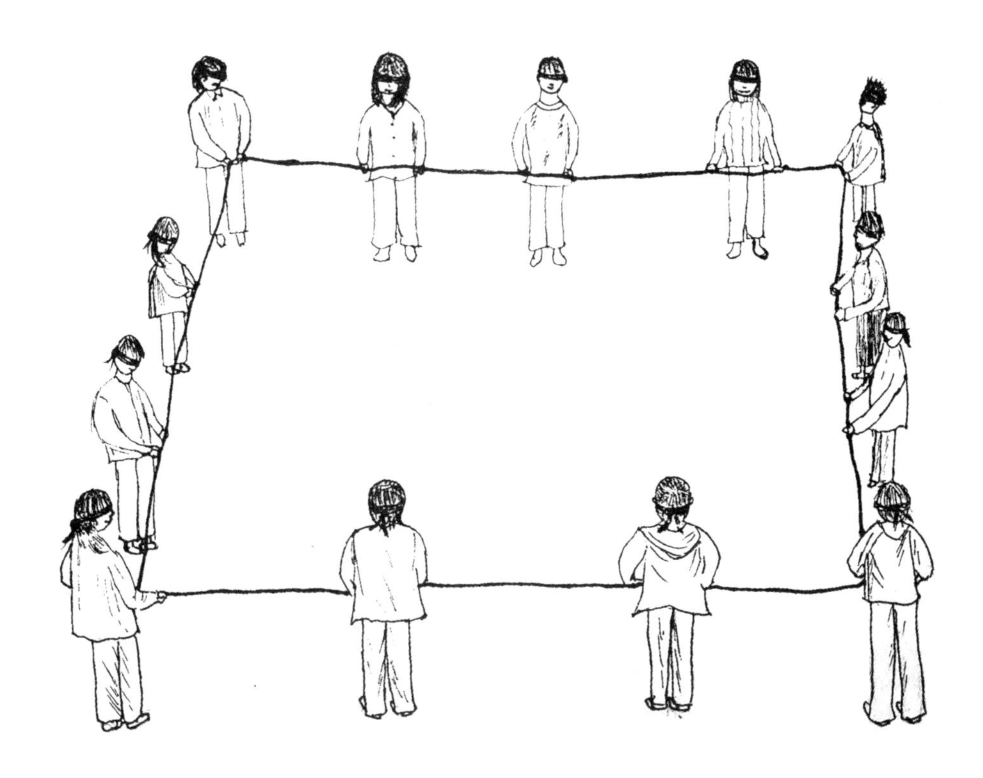

图 1.8　盲人方阵

➢ 项目总结：

1. 引导发现情绪感受

比如，问：请大家看一下你们建造的防御工事，一起来为自己鼓掌吧！

蒙上眼睛后，你的感受是什么？

戴着眼罩，等待带领者确认挑战是否完成时，你的感受是什么？

摘下眼罩时，你感受如何？

2. 反馈观察结果

比如，说：项目开始后，有人开始大胆地到处乱走，用脚在地面上探索。也有人完全站着不动，似乎在等待被别人找到。

确认正方形时，有人用食指和拇指的角度做参照。丈量边长时，有人用脚步量，也有人用手臂量。

有些团队学习者表现得有点慌乱，有些团队学习者则比较沉稳。

3. 提问引发思考

比如，问：在这个项目里有哪些表现突出的人？

什么样的人会承担这样的角色？

你适合担任什么样的角色？是否想过要做领导者？

如果要做一个好的领导者，你还要拥有什么能力或技能？

## 课程收尾

例举：

在看不见的困境里，完成“防御工事”是件了不起的事情。虽然这只是游戏，但也能以小见大。

下个星期，同一时间、同一地点，让我们再见！

# 1.12 高台演讲

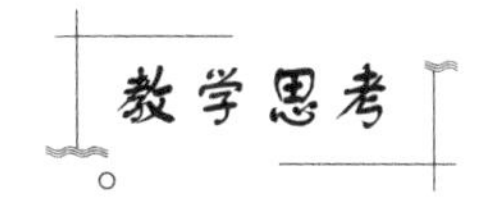


### 对大多数人来说,过去很长

过去是由“已经发生、已经经历”的事情组成的。随意提取一些事例,都足以填满一次演讲的时间。

有些过去是让人津津乐道的,有些过去则是需要鼓起勇气才能说出来的。

### 对大多数人来说,现在都是细节

对不同的人来说,“现在”的意义差别很大。

有些人的现在很丰富,很令人满意,很有活力;有些人的现在不如过去,有些失意,稍显沉闷。

对大多数人来说,现在大多是以细节的方式呈现的。

### 未来,你有没有认真思考过?

未来可能与梦想有关系,未来也可能是一个计划雏形。

未来不可能被完全掌控,有些变数则无法预测,未来值得每个人认真思考、认真对待。

### 3分钟演讲,你会把重点放在哪里?

3分钟的高台演讲,平均每个阶段只有1分钟的时间。多数人不看着计时器,是不能很好地控制时间节奏的。

于是,有些人的3分钟里装满了过去;有些人在3分钟快结束时,匆匆把未来提及;只有极少数的人能够比较精准地把握时间分配。

那我们是否能够认为,这些人也相对精准地把握了过去、现在和未来。

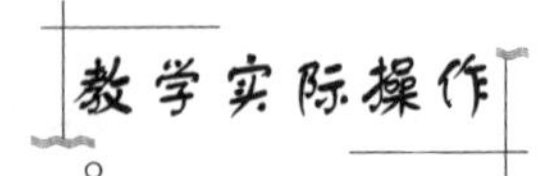

## 项目:高台演讲

场地要求:室内外均可。

参与人数:全体。

体验时长:每人3分钟。

➤ 操作步骤:

**讲解说明**

(1) 每个学习者轮流站到1.5米的高台上,做一个简单的演讲,主题是“我的过去、现在和未来”(见图1.9)。

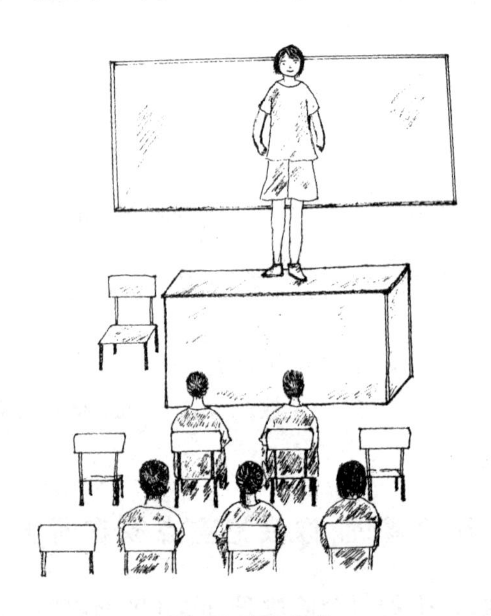

图1.9 高台演讲

(2) 限时3分钟。1分钟讲过去,1分钟讲现在,1分钟讲未来。

(3) 带领者在每个学习者站好开讲时开始计时,在2分45秒时提示“还有15秒”,3分钟时提示“时间到”。无论是否讲完,台上的学习者都须终止演讲。

(4) 从高台下来,必须走扶梯,不能从台上跳跃下来。

(5) 他人演讲时,全体学习者认真聆听。演讲完毕,全体学习者应鼓掌鼓励。

➢ 项目总结:

1. 引导发现情绪感受

比如,问:站在高台上时,你的感受是怎样的?

当听到学习者的掌声时,你的感受又是怎样的?

2. 反馈观察结果

比如,说:有些人站在高台,面带微笑,高谈阔论,毫无惧色;有些人则稍显紧张,或头望蓝天或眼盯大地,总之,无法与台下的人进行眼神交流。

有些人只谈过去,回忆在演讲中过去占时比较长。有些人容易跟随前人的思路,习惯在自己的生活里找一找前面的人提及的经历,说点相近的内容。

有些人的演讲引人入胜,有些人的演讲则稍显枯燥。

3. 提问引发思考

比如,问:讲到过去,还有哪些浮上心头却没有被你表达出来的话语?

谈到现在,哪些事让你感觉有意义有价值或者有吸引力?

畅想未来,你可有梦想,可有计划,可有信心?

对每个人来说,把握时间是否也值得多多练习?

## 课程收尾

例举:

3分钟,有精彩也有遗憾,而人生正是由无数个3分钟组成的。生活中,每个人都经历过精彩和遗憾、过去和现在,也将继续体验丰富多彩的未来。

下个星期,同一时间、同一地点,让我们再见!

# 1.13 信任背摔(风中劲草)

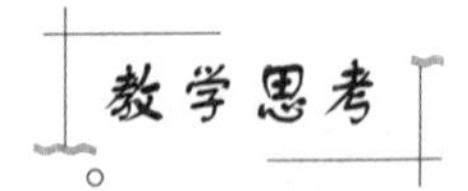


### 谢谢你们给我勇气,在我倒下时让我感到安全

请无视我有点发抖的身体和声音。
请大声地告诉我,你们准备好接住我了。
我在给自己加油,也请你们给我信心。
让我可以勇敢地倒下,安全地倒在你们的手上。

### 谢谢你愿将你的后背交给我们,信任我们

我们准备好了!
来吧!
我们觉得你很勇敢!
我们希望自己也能像你一样勇敢!
谢谢你的信任,我们一定不会辜负你的信任!

### 将信任交给你,将信任带给你

信任,不是挂在嘴边就可以实现的。

信任是将自己的安全交给对方后,真正感受到、获得了保护和支持后,才能建立起来的。

信任,是在行动中、挑战里,一步步在学习者之间建立起来的。

教学实际操作

## 项目:信任背摔

场地要求:室内外均可。

参与人数:每队12~16人。

体验时长:90分钟。

项目道具:1.5米高的背摔台,背摔绳1根,海绵垫1块。

➢ 操作步骤:

**讲解说明**

环节1:个人挑战动作及语言表达的演示说明

(1) 在接受了全体学习者的鼓励后,沿着梯子爬上背摔台,站到指定的安全区域。

(2) 身体站直,双臂向前,双手外旋后交叉,十指交叉相扣,向胸前回旋,双手紧紧贴在胸前。带领者用背摔绳将背摔体验者的双腕轻轻锁住(这样是为了控制倒下方向,以及背摔体验者的双臂不会打开,以防伤到接人者,用以保障全体学习者的安全)。

(3) 背摔体验者在带领者的引导下,移动到背摔台边,背向台下的"人床"站稳。带领者可根据背摔体验者身高及紧张程度,确定站立的具体位置。背摔体验者的脚后跟应超出台面少许,双脚并拢,脚尖相靠,膝关节绷紧,臀肌收紧,下颌微微收起,略含胸。

(4) 背摔体验者调整呼吸,大声问队友:"我是×××,我准备好了,你们准备好了吗?"听到队友齐声反馈"准备好了"后,再喊"我要倒了",听到队友齐声反馈"倒吧"后,喊"1、2、3",然后立刻笔直向后倒向"人床"。

环节2:团体接人动作及语言表达的演示说明

(1) 身高、体重相近的两个团队学习者组成接人搭档,面对面伸出右脚,呈前弓步站立,两人右脚尖内侧相抵,膝关节内侧相触,保持重心稳定。

(2) 右臂平举,肘窝掌心朝上,手指伸直,放在搭档左肩上。左臂平举,肘窝掌心朝上,手指伸直,放在搭档右肩上。双臂自然伸展,保持稍许用力的状态(见图1.10)。

图1.10 信任背摔

(3) 在背摔体验者倒下前,根据带领者口令做“双臂伸直,相邻者肩靠拢,所有人头向后”的一致行动,保持最佳接人姿态。当队友倒下时,稳稳地接住他,让其在“人床”上停留10秒,再把他缓缓放下。先放脚,待其站稳再扶起后背和头,解开背摔绳,交给带领者。

(4) 没有承担接人任务的学习者,可以在接人者身后做保护支撑工作。

环节3:地面演练

(1) 在地面上,演练一人后倒,两人在其身后40厘米处进行支撑练习。

(2) 在地面上,演练搭档接人动作。一人从5米处跑动跃起,双臂前伸,将上身和双臂压在接人搭档的手臂上,测试其支撑的稳定程度。

(3) 负责接人的学习者从靠近背摔台向远处的方向,按力量较弱、力量较强、力量强、力量强、力量较强、力量较弱的顺序进行排列,中间四组应尽量安排男生或者身体素质好的女生,每接三四人可适当调换位置,或由没有上场的力量相近的学习者替换。

环节4:挑战前的安全说明及准备工作

(1) 凡有腰背外伤病史、心脑血管疾病及高度近视等情况者可选择不体验此项目。

(2) 没有做好心理准备者,也可以选择不体验此项目。

(3) 体验背摔前,需摘除身上所有硬物,包括项链、手链、手表、耳环,口袋里的钱包、钥匙、证件等。

(4) 站到背摔台上后,如果感觉不适,依然可以选择放弃挑战。

(5) 必须严格按照动作和语言表达要求进行挑战,带领者有权随时终止挑战。

➢ 项目总结:

1. 引导发现情绪感受

比如,问:第一个人挑战完成前,大家的感受是怎样的?

自己没有上台前,感受是怎样的?

完成了背摔挑战后,你的心情是怎样的?

当你闭着眼睛倒在"人床"上时,感受就怎样的?

稳稳地接住了队友时,你的感受是怎样的?

2. 反馈观察结果

比如,说:每一个人都非常投入和专注。

体验背摔的绝大多数人身体都会不自主地弯曲,这是自我保护的本能。

有些人倒下时身体绷得很直,大家都会自发地为其喝彩。

每个完成了挑战的人,似乎都对自己和队友有了更多的信心。

虽然有人选择不挑战,但能够按照自己的心意做出决定,也是非常勇敢的表现。

3. 提问引发思考

比如,问:通过这个挑战,大家发现什么事情能够提高自信和对他人的信任?

在这个项目里除了队友给予鼓励,还有哪些做法提高了你完成挑战的信心?

4. 倡导链接生活

生活中,一个好的榜样会起到很好的激发作用。

不同岗位的价值虽然各有差异,但是分工协作可以让每个人的能量都得以发挥出来,也使每个人都能够更加信任他人。

## 替换项目:风中劲草

场地要求:室内外均可。

参与人数:每队12~16人。

体验时长:90分钟。

➢ 操作步骤:

**讲解说明**

环节1:个人挑战动作及语言表达的演示说明

(1) 所有人轮流作为一棵“小草”站在团队的中央。

(2) “小草”身体站直,双臂向前,双手外旋后交叉,十指交叉相扣,向胸前回旋,双手紧紧贴在胸前。

(3) “小草”调整呼吸,大声问环绕着自己的队友们:“我是×××,我准备好了,你们准备好了吗?”,听到队友齐声反馈“准备好了”后,再喊“我要倒了”,听到队友齐声反馈“倒吧”后,喊“1、2、3”,随后身体笔直向后倒向其中一名队友(选择身体强壮者为宜)。

(4) 以脚后跟为支点,在队友支撑的力量中感受被传递一圈的过程。

环节2:团体接人动作及语言表达的演示说明

(1) 每队学习者(除“小草”)按照男女生交错站立,围成圈。

(2) 双臂向前半弯曲,双手掌心向前平推,保持用力状态(见图1.11)。

(3) 当“小草”后倒时,接人者用双手及时撑住其后背两侧肩胛骨处,并将其向右传递给旁边队友。

(4) 接人者两侧队友可协助支撑与传递,以保障“小草”的安全。

环节3:挑战前的安全说明及准备工作

(1) 凡有腰背外伤病史、心脑血管疾病等情况者可选择不体验此项目。

(2) 体验前,需摘除身上所有硬物,包括项链、手链、手表、耳环、钱包、钥匙、证件等。

(3) 须严格按照动作和语言表达要求进行挑战,带领者有权随时终止

挑战。

图 1.11 风中劲草

➢ 项目总结:

1. 引导发现情绪感受

比如,问:第一个人挑战完成前,大家的感受是怎样的?

自己没有后倒前,感受是怎样的?

被队友稳稳地接住、安全地传递后感受又是怎样的?

2. 反馈观察结果

比如,说:向后倒时,很多人的身体不自主地缩成了自我保护的“弯曲”状,或者无法以脚跟后为支点,而是脚掌用力,自我旋转。

3. 提问引发思考

比如,问:通过这个挑战,大家发现什么动作能够提高自信和对他人的信任?

在这个项目里,除了队友给予鼓励,还有哪些做法提高了你的信心?

## 课 程 收 尾

例举：

我准备好了，你们准备好了吗？

下个星期，同一时间、同一地点，让我们再见！

# 1.14 生死关卡

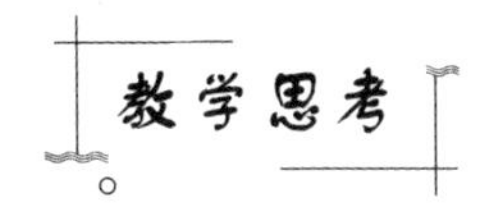


## 优势与劣势的转换

有时候,身体强壮有力量是优势,但在另外的条件下,也可能是劣势。

有时候,身体瘦弱力量不足是劣势,但在今天却可能成为优势。

所以,凡事没有绝对的优势与劣势,不同的条件、不同的情景、不同的任务中,优势与劣势可能会发生转换。

## 不可思议的成功

在完成挑战之前,我真的不敢想象成功的时刻,感觉自己在迷茫之中,就完成了挑战。

从身体绷紧的紧张,直到被放下后,踩到地面的踏实,再到听见队友们的欢呼声。不可思议的成功,就这样发生了。

## 领导与配合

挑战策略不是一个人的主意,而是大家的思路最后汇聚在了一起。团队中,有些人负责引导,而另一些人则负责尽力配合。

无论承担的是怎样的角色,大家都需要发挥自己的作用,共同完成挑战。

## 教学实际操作

# 项目:生死关卡

场地要求:室内外均可。

参与人数:每队12~16人。

体验时长:40分钟。

项目道具:模拟电网(3米宽、1.5米高的绳网,网格数量约为体验者人数的120%,需在较低位置设有2个相对容易通过的网格)。

➢ 操作步骤:

**讲解说明**

背景故事:你们再次化身特勤小队,这次要去敌营探察消息。敌营由一圈电网保护,你们必须从网格中穿过去(见图1.12)。电网每个网格的四边均不可被触碰,通行中如有触碰,通行者须立刻退回,且此网格即刻关闭。任一网格只能通行一人,一人通过后,此网格关闭。你们须在限定时间内全体连续通过,否则将被敌人发现,任务宣告失败。

图1.12　生死关卡

环节1:个人挑战动作的演示说明

(1) 学习者身体站直,双臂向前,双手外旋后交叉,十指相扣,向胸前回旋,双手紧紧贴在胸前。被抬起后,身体绷紧。

(2) 需摘除身上所有硬物,包括眼镜、项链、手链、手表、耳环、钱包、钥匙、证件等。

环节2:团体挑战动作演示说明

(1) 运送学习者时,须让其脸朝上,分别支撑腰背、腿和肩颈位置。

(2) 运送学习者无论成功失败,放下时须动作轻缓,先放脚,待其站稳后,再扶起后背和头。

(3) 没有运送任务者,可以在周边做保护支撑工作。

环节3:挑战前的安全说明及准备工作

(1) 凡有腰背外伤病史、心脑血管及高度近视等疾病者,没有做好心理准备者,均可选择不体验此项目。

(2) 运送过程中,如果感觉不适,学习者可以选择放弃挑战。

(3) 必须严格按照动作和语言表达要求进行挑战,带领者有权随时终止挑战。

➢ 项目总结:

1. 引导发现情绪感受

比如,问:从高处通行的感觉如何?

网格不小心被封闭的时候,心情如何?

2. 反馈观察结果

比如,说:有两位几乎从头到尾都在做支撑工作,很辛苦,也很投入。

虽然有的学习者身形较大,却在全队协调后选择通行较小的网格,把大网格让给了其他学习者。

3. 提问引发思考

比如,问:刚开始有没有人怀疑过这个任务根本无法完成?

大家是从什么时候开始对任务完成有信心的?

完成本项挑战的收获是什么?

## 课程收尾

例举:

不可思议的成功让我们再次看到了团队的潜能,赞!

下个星期,同一时间、同一地点,让我们再见!

# 1.15 驿站传书

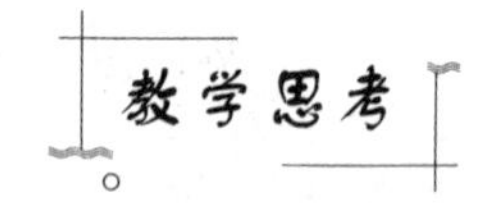


### 团队沟通,每个环节都很重要

环环相扣的情况下,只要一个环节出错,结果就会差之千里。

团队里,一人即是一环,环环紧扣。要保持无错误,非常不易。

### 信息传递,每个细节都很重要

设计一份属于自己的"摩斯密码",思考信息传输里每一个不能被遗漏的细节。

编码规则,解码规则,确认机制,反馈机制,纠错机制……

### 串联环节,实现细节,在于磨合与默契

沟通对于群体来说,不是件容易的事情。

偏好、规则、环节、细节,都需要通过不断地互动来磨合,不抱怨,不着急,多领会,尽量精准地传递信息、执行指令,默契才能产生。

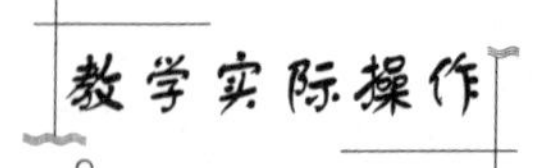


## 项目:驿站传书

场地要求:室内外均可。

参与人数:每队12~16人。

体验时长：40分钟。

项目道具：每队1张白纸、1支笔。

➢ 操作步骤：

**讲解说明**

(1) 你们每个人就如同一所驿站，在信息传递过程中都是必不可少的环节。接下来，有三组信息需要你们进行传递。信息中不包含汉字。

(2) 每队学习者排成一列纵队，前后间隔半臂距离。团队与团队之间保持一定距离。

(3) 队尾学习者将得到一组信息，信息必须从后向前传递，通过一个个学习者传递到位于队首的学习者处，由其用纸笔记录下来。全部信息记录完毕后，向带领者提交信息。

(4) 传递信息的过程中，前方学习者不能以任何形式向后看，后方学习者身体的任意部位不能超出前方学习者身体平面延展面(见图1.13)。

图1.13　驿站传书

(5) 每一轮信息传递前，团队分别有15分钟、10分钟、5分钟的讨论时间。确认开始后，所有人不得再用言语进行交流。

(6) 每轮传递，限时10分钟完成。信息传递正确且不超过10分钟，即为成功。信息传递错误且不超过10分钟可重新开始传递。信息传递正确且不超过10分钟时，剩余时间可用于下一轮讨论。

(7) 团队内任一学习者违规,均宣告团队挑战失败。

➢ 项目总结:

1. 引导发现情绪感受

比如,问:讨论传书规则时,有什么感受?

体验开始后,一段时间内没有得到后方学习者的任何信息提示时,心理感受如何?

站在队首的学习者和站在队尾的学习者,是否有一些特别的感受?

当看到别的队伍速度比自己的队伍快时,内心的感受如何?

2. 反馈观察结果

比如,说:队首的学习者一直处于等待状态,有人表现得较为急躁,有人则表现得较为冷静。

当信息传递过程中出现错误,且后方学习者发现了问题,但是却因没有做好及时中止的规则设定而只能任其发展时,后方学习者往往会表现出焦虑紧张的状态。

3. 提问引发思考

比如,问:在传递信息过程中,如何才能做到有效的确认和反馈?

虽然没有要求队伍之间进行竞争,但是当别的队伍比自己的队伍传递信息速度快时,还是能看到落后的队伍有不由自主的竞争焦虑产生。为何大家会不由自主地产生竞争心理?

4. 倡导链接生活

生活里,很多场景中都存在着竞争,我们是否无时无刻都要取得领先呢?未必。有时在生活中,保持自己的节奏,专注自己的任务,会得到更好的结果。

## 课程收尾

例举:

烽火起,驿站忙,千里传书,不能差丝毫。

不断完善的规则,精细的编码和译码,充分显示着团队的智慧。

# 1.16 队长之课(区域探索)

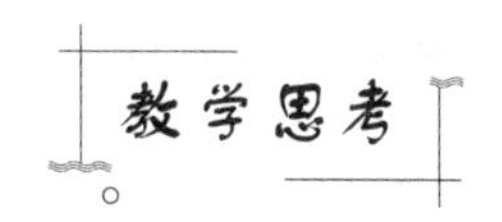


### 仔细观察,风景就在身边

在熟悉的环境里生活,人们大脑里会逐渐形成行动路线图。随着时间的推移,行动路线会慢慢固定下来。

但是当我们开始在其中进行地毯式搜寻时,却可以发现很多平时忽略了的风景。

### 智慧与行动的结合,这是一场说走就走的旅程

解开谜题,来一场说走就走的“旅程”。

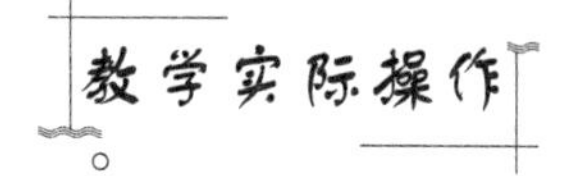


## 项目:队长之课(区域探索)

场地要求:室外。

参与人数:每队12~16人,至少2队。

体验时长:90分钟。

➢ 操作步骤:

**讲解说明**

(1) 课前,每队队长带领全体队员准备一套区域探索(4~5个地点)的提示

信息。

(2) 请每队队长前来领取由其他团队提供的区域探索的第一条提示信息，并将其分享给自己的队友。

(3) 团队学习者(不包括队长)根据提示信息前往区域探索的第一个地点后，全体合影，并将合影发在课程在线群中。地点检验正确后，将获得第二条提示信息。

(4) 每队队长留在课堂里，不跟随自己团队学习者出发，且不参与解析提示信息的过程，只负责检验按自己团队所给提示进行探索的队伍选择的路线是否正确，以及发布下一条提示信息。

(5) 带领者及每队队长将共同记录队伍完成区域探索的每个阶段的耗时。

➢ 项目总结：

1. 引导发现情绪感受

比如，问：对提示信息的解读出现分歧，且互相无法说服时，内心感受是怎样的？

拿到提示信息，却长时间无法解开时，你内心的感受是怎样的？

寻找地点时对环境的感受又是怎样的？

2. 反馈观察结果

比如，说：有些人在一段时间解不开提示信息后，比较容易产生沮丧情绪，或者会寄希望于获得额外提示。

有些人能积极参与解读信息的过程，有些人则以跟随他人为主。

3. 提问引发思考

比如，问：如果没有人在记录时间，大家是否会有更多的心思观察沿路的风景？

看到他人对区域中自己已知地点的隐喻，是否会对自己生活的区域有更多不同的认识与理解？

## 课程收尾

例举：

队长之课，依然是由整个团队来完成的。

区域探索，让我们看到同一环境在不同人眼中的模样。

未来，再见！

# 第2部分

# 知识拼图区

# 2.1 体验式学习

人们都会自发地从生活体验中学到知识吗？这是人类的本能吗？

我们常常说“吃一堑长一智”，但也常常问“怎么有了那么多教训，你还是学不会呢？”这意味着，虽然体验本身蕴含知识和技能，但如何通过体验实现学习价值，则另当别论。

什么是体验？我们应当怎样从中学习呢？当我们回想某事时，常会对他人说：“这虽然是一次痛苦的体验，但也是一次很好的学习机会。”这里的“学习”和“体验”之间又有什么关联呢？

## 2.1.1 体验与学习

约翰·杜威说：“体验是个人与环境之间的互动，体验本身包含着先前体验所积累的知识。”因此，体验不仅仅与当下有关，还将我们的过去和未来结合了起来。

帕克·巴默尔说：“深入而持续的体验对我们的影响最大，会在我们的身体和意识中留下持久的烙印。通过转换式体验，我们不仅可以学到很多东西，而且学会了从不同人物的角度看待事物。”

罗伯特·赛尔维斯特在《神经元研究的进步：教育者如何使用大脑？》一书中表示，“大脑在黑暗、无声的头骨里被封闭和保护着，依赖自身的感觉系统和运动系统才能与外界联系。”我们的感觉系统和运动系统最基本的作用在于增强生存能力，但我们的大脑利用这些系统来接触和探索文化兴趣和抽象娱乐——闻闻花香、欣赏日落、听到雷声、感到激动、进行比赛等。也有人说，扩展神经系统的主要作用在于将我们自身与体验关联起来。

大脑会储存大量信息，并在需要时调用信息。大脑的执行功能可通过调取和分析记忆和过往经历，找出目前体验的意义。一些建构主义学者强调，知识不仅仅是对现实的复制，更是对特定现象的意义建构。杰奎琳·布鲁克斯和马丁·布鲁克斯在《寻求理解：建构主义课堂教学案例》中对建构主义原则作如下解释:“我们每个人认识自己的世界,都需要将新体验整合到我们先前理解的事物中……要么按照现有的一套规则来解释和编排我们的世界,要么设定一套新规则来更好地解释我们感知到的事物。无论使用哪种方式,我们的感知和规则都在不断演绎着一场盛大的舞会,不断改变着我们的理解。”学习意味着要注重找出信息的意义,而不是只进行单纯的信息积累。

有学者提出,学习是迭代式的。像库伯提出的体验式学习法模型那样,人们在循环重复的过程中学会识别、记忆和使用各种模式,让这些模式发挥作用,并对其进行改进和回顾,使人类的学习逐渐进入高效能的循环。

人类的大脑中有自我纠正机制。例如,大脑能识别危险、提出多个视角、同时运用几种感觉检查行动的效果。大脑会自行进行检查和复查。一些建构主义学者认为,我们遇到新体验时,如果这些体验或多或少符合我们先前的理解,那么我们会“吸收”这些新体验;如果我们需要改变我们先前的理解,那么我们会“调节”先前的理解;如果两套体验不相符,那么我们会“整合”这些体验。皮亚杰将这个根据体验调整理解的过程称为“动态平衡”。因此,学习是一个连续的过程,没有终点。体验不断,学习不断。

### 2.1.2 体验式学习法

约翰·杜威和阿尔弗雷德·诺思·怀特黑特强调了体验式学习的重要性。杜威著作中的永恒主题之一是体验重构,他重视学习中自然、实时的体验。杜威的观点得到了怀特黑特的支持。怀特黑特还表达了对惰性知识的深度忧虑,并将其描述为“只记在心里而不加以利用、检验或进行重新组合的知识。”杜威和怀特黑特或许称得上是体验式学习法的哲学先驱,他们提出的一些概念成为了推动教育进步运动的基石。

并不是所有体验都会转化为知识。原始体验怎样才能具有教育作用呢?大卫·库伯是研究这一问题的先驱之一。库伯在勒温、杜威和皮亚杰早期研究的基础上提出了一种体验式学习的循环模型。库伯认为,学习始于具体体验。当学习者沉浸于具有教育作用的体验时,会开始反思体验的意义。随着思考的深入,学习者会在其体验的基础上形成抽象概念。抽象概念产生后,学习者必须对其加以检验,了解其运作的方式。这种检验是通过主动的实验过程进行的,这个过程必然会使学习者重新回归具体体验。

库伯提出,概念并不是思想中固定不变的,而是通过体验形成并重组的。理解是建立在概念与体验互动的基础上的,一种连续不断的建构过程。如果一个人不能根据体验改变概念和习惯，那么这个人的适应能力往往比较差。因此，人们必须经过体验、反思、形成概念和检验的反复循环，最终重新回归体验。库伯的研究表明，体验式学习法涉及一些步骤和阶段，需要进入再走出体验。其中最重要的过程是反思。

体验式学习的支持者认为，它增强了人们对主题材料的兴趣，提高了学习满意度，促进了学习者对课程材料的理解，培养了学习者持续学习的愿望和能力、改善沟通和关系、解决问题和批判性思维能力。体验式学习的优点与局限如表2.1所示。

**表2.1　体验式学习的优点与局限**

| | 优　点 | 局　限 |
|---|---|---|
| 学习重点 | 学习者亲身体验，针对性强，理解深刻 | 系统整合较弱 |
| 学习形式 | 团队与个人共同学习 | 人数不能太多，规模受限 |
| 学习者角色 | 活动的学习者，易于感悟 | 随机性大，不利于掌握规律 |
| 学习方式 | 主动探索，师生共同主导 | 教学尺度难以规范 |
| 学习主体 | 以学习者为主的师生双主体 | 沟通广度受限 |
| 学习特点 | 个性化、灵活 | 知识量较小 |
| 学习环境 | 未知新奇，灵活多变 | 投入大，利用率低，危险系数高 |
| 学习过程 | 探索式 | 刺激较多，容易混乱 |
| 学习效果 | 素质能力多面提升，学以致用 | 周期长，知识总量不足 |
| 学习评价 | 过程与结果相结合，自评与带领者评价相结合 | 客观评价相对困难 |

体验式学习有以下四个主要特质：

(1) 学习者对于正在发生的学习及过程是察觉的。

(2) 学习者投入在反思的体验中，将当下的学习与过去、现在和未来联系起来。

(3) 那些体验和内容是独具个人意义的。学到了什么和如何学到的，对个人而言有特别的重要性。

(4) 体验过程牵涉到完整的个体，包括身体、想法、感觉和行动，不是只涉及心智。换句话说，学习者是全然投入的。

体验式学习理论将学习定义为“通过体验转化创造知识的过程。知识结果来自于把握和转化经验的结合"。体验式学习理论旨在整合学习的适应过程，融合经验、感知、认知和行为。

需要多少体验才能达成部分或全部学习成果？体验需要多久、多深入才算得上体验式学习法？回答这些问题并不容易。我们可以从强度、频率和持续时间几个角度来思考。体验的强度或深度有多大？涉及重大责任还是日常琐碎事务？学习者多久参与一次这种体验合适呢？一周三个半小时还是一周内每天三个小时？学习者是否从严格的观察者转变为积极的学习者？这种体验持续了多久？是贯穿整个学期还是只有几天？

通过运用体验式学习法，学习者能够：

（1）形成对组织、社区和文化总体宏观结构的认识。

（2）在不熟悉的情境中，找出问题和机会。

（3）将过往学到的知识运用于新的情境。

（4）针对问题和机会即兴提出新的现场解决方案。

（5）检验在实践中形成的新想法。

（6）认识自己的文化身份及其对他人身份的影响、与他人身份的互动。

（7）从多感官、跨学科和跨文化的角度认识不熟悉的情境。

（8）形成更全面的观察力和反思性思维模式。

（9）对言语和非言语沟通的新模式进行试验。

（10）通过重新思考自己惯有的回应和态度，检验替代方法，以培养适应能力。

### 2.1.3 体验式学习圈

体验式学习模式是学习经验的循环过程。为了实现有效学习，学习者必须经历整个周期。四个阶段的学习模型描绘了具体体验和抽象概念化及反思观察和主动实验维度。

学习者必须不断选择在特定学习情境下使用哪种学习能力。如上所述，一个学习周期往往包含四个阶段（见图2.1），学习者必须经历每个阶段——经验、反思、思考和行为。在掌握经验中，学习者可以通过体验世界中具体、有形的物质，依靠感官和沉浸在具体现实中来感知新的信息，学习者也可以体验相反的抽象概念。这种学习风格偏好倾向于通过表征性思考，分析或系统地规划来感知、掌握新信息。在转型经验中，反思观察能力侧重于观察参与体验的其他人。重要的是，学习者选择可以在任何阶段进入体验式学习。

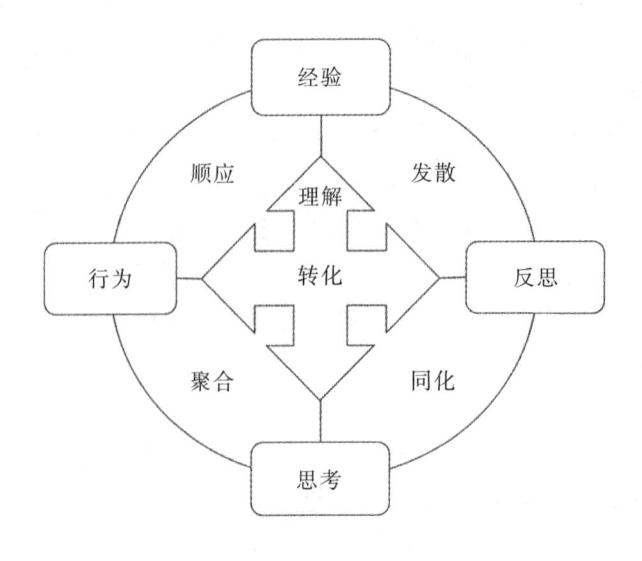


**图 2.1　体验式学习圈**

1971年,库伯开发了学习风格清单(LSI)来评估个人学习风格。学习风格是指学习者持续一贯的,带有个性特征的学习方式和学习倾向。持续一贯意味着不同时空都是如此,个性特征意味着具有个体差异性。它是一种教育工具,通过体验和个人学习方式增强个人对学习过程的理解。学习风格清单可以作为探索个人学习最好的起点。"体验式学习理论被广泛接受为学习型教育创新的有用框架,包括教学设计、课程开发和终身学习",库伯将学习风格分为四种,如表4.2所示。

**表 2.2　学习风格**

| 学习风格 | 特　点 | 学习倾向 |
| --- | --- | --- |
| 发散型 | 善于从不同角度观察一个具体的情境;<br>有广泛的艺术文化兴趣;<br>喜欢收集信息;<br>对人际交往比较感兴趣;<br>拥有丰富的想象力和情感 | 喜欢小组活动、喜欢开放地倾听、喜欢接受他人的反馈;<br>在诸如头脑风暴的活动中能有很好的表现;<br>特别善于和其他人一起学习 |
| 同化型 | 善于以精细的、逻辑的形式理解各种不同的信息;<br>可能不太关注人际交往,但对抽象的理论和概念比较感兴趣;<br>认为理论比实际的价值更重要 | 喜欢阅读、听讲座;<br>进行全面思考 |

续表

| 学习风格 | 特　点 | 学习倾向 |
|---|---|---|
| 聚合型 | 需要投入实际问题的解决过程；<br>擅长发现观点和理论的实际用途；<br>通过不断探索的方法来解决问题、做出决定；<br>喜欢技术性的任务，不喜欢做社会服务或人际交往方面的工作 | 易受新的观点刺激来尝试实践、比较喜欢实验室的任务和实践应用 |
| 顺应型 | 比较善于执行计划并愿将自己投身于新的或富有挑战性的工作；<br>倾向于将内部的感情表达出来而不加逻辑分析；<br>在解决问题的时候，较多地从他人那里获取信息，而不是通过自己的分析 | 喜欢与人合作以完成任务，设定目标；<br>擅长做一些田野调查工作；<br>为完成一个项目会尝试不同的方法 |

### 2.1.4　在体验式学习中，带领者可以做什么？

根据伊根的建议，带领者帮助学习者对体验进行反思有三个阶段：目前状况、理想状况和前进之路。

**1. 目前状况**

带领者可以让学习者描述自身的体验并对其做出初步评价。带领者提供一个安全的情境，让学习者表达感受。如果学习者过于沉浸于自身的体验，忽略了表达见解，或者不愿公开谈论自身的体验。带领者可表示自己偶尔也会这样，通过技巧性探究、提示和提问激发学习者（在充满支持的氛围下）更深入地反思自身的体验。

伊根认为，体验中可以适度质疑学习者“自我挫败的心态、失调行为以及思想与行动不一致”等问题，还包括“曲解、逃避、赌博心理、耍花招、找借口和掩饰”。当然，质疑需要在充满支持和认可的总体环境下进行。此外带领者适当的自我表露和少量的幽默通常能够让质疑取得更好的效果。适度质疑的关键目标是发现盲区，即“未能发现或选择忽略的事物”，这些盲区会让我们无法发现和处理问题，或无法识别和创造机会。

一旦了解了体验并提出了疑问，带领者就应努力帮助学习者确定最重要的事项，并发现问题中需加以改善的方面。

2. 理想状况

要想成功地处理体验中遇到的问题和错失的机会，带领者与学习者就必须努力对未来状况进行合理的设想。这种情境有哪些可能的发展路径？反思过程的阶段要以解决方案为重点，包含设定目标、改善未来状况的可能性，并以设计改善的日程表和承诺作为行动的触发条件。

3. 前进之路

在这个阶段，重点转移到方案实施上。如果我们知道自己在这种体验中处于什么位置，而且我们很清楚希望达到什么样的目标，那么我们怎样才能达到这个目标？带领者会提出以下短语开头的问题，从而以伙伴的身份协助制订行动策略：你有没有考虑过……万一……怎么办？你需要做的是……谁能帮助你……？这些讨论旨在制订达成目标的具体策略，以及选择适合个人状况、资源、个性和偏好的策略，使之成为可行的方案。

结构化的反思过程将纯粹的体验转换为学习。大多数情况下，大脑能以最擅长的方式处理体验，但有时也需要熟练的助手给予一点建议。通过反思过程激发学习者参与切合实际和思考自身的体验，将感受和观点写下来，提出理想的情境，并将计划付诸行动。体验式学习不是松散或模糊的，而是充满挑战、具有严格要求的。经验丰富的带领者会迅速制止学习者习惯性的抱怨，而且会提供机会，让胆怯者发现并培养自己未能实现的潜能。

## 2.1.5 如何评价体验式学习法的学习效果？

体验式学习法的基础是通过反思和认识从体验中找出意义。日记、博客、书面或录像文字、摄影展、数字化叙事专题和演示文稿都能帮助学习者阐明和发掘他们在体验中的收获。

使用这种学习方法时，带领者应当密切考察形成性目标（过程目标）及总结性目标（产出目标），以保证其评价体系与目标相匹配。体验式学习法的大部分成果都是以过程为重点的，因此总结性评价会变得很难。形成性和总结性目标相混淆可能会给学习者造成困惑。如果采用记日记或讨论等方法对目标进行评价，那么学习者就不大可能自由分享自己的想法、意见和观察结果。为了解决这个问题，很多带领者只针对这类任务的完成情况进行评价，并在此过程中给予大量反馈以保证学习的持续开展。

日记和博客是与体验式学习法互补的常用手段，可以体现学习者从结构化体验中获得的知识和发展。一些学习者善于完成开放式的日记任务，但很多学习者(尤其是本科生)需要先获得关于日记目标和目标的指导才能认真对待任务。除了本章提出的重点问题之外,评价量表也可以用来帮助学习者确定反思的方向。评价量表可以关注持续时间和数量等辅助问题,但也能为批判性思考的某些方面提供指导,例如,检验新观点,将观察结果与文章、理论关联起来,或者建立新的沟通模式。

体验式教育是一种强大的学习方法,学习者一般认为这类体验足以改变人生。帕克·帕尔玛提醒我们,体验式学习法既不是无足轻重,也不是多此一举,而是教学活动中不可或缺的一个方法。

# 2.2 游戏化学习

如果你在路上遇到一个朋友带着孩子,你觉得他很可爱,想和他玩个游戏互动一下。恰好他带着一个球,你表示可以跟他一起抛接球,并玩得挺开心。可是你一个不小心把球扔到了马路上,球被车压坏了,小孩可能本来很开心,这时却因为球坏了而哭泣。下次再在路上遇到这个孩子,你通常就不会提议玩这样的游戏,即便你提出了,他也可能会不同意,因为你们都知道这是有风险的。虽然结果看起来并不那么让人愉快,但是他和你都在这个游戏的过程中有所收获。

## 2.2.1 游戏的定义

母亲和小孩头对头做表情互动,就可以看做一种游戏。对人类来说,一个人生存和发展的过程中处处都有游戏的成分。而在网络与现实世界交织越来越密切的当下,游戏的定义是什么呢?有人提出,游戏是一个系统,学习者(玩家)在其中执行任务,任务由规则、互动性和反馈界定,产出量化结果,并经常引起情绪反应。网络时代的游戏定义结构如表2.3所示。

表2.3 网络时代的游戏定义结构

| 结构 | 内容 |
| --- | --- |
| 系统 | 在游戏"空间"中,相互连接的一组元素就是行程系统;<br>得分与行为活动相联系,它们与接下来的战略和棋子的移动有关;<br>每个游戏的部分影响着游戏的其他部分,并与之形成统一整体;<br>得分与行动有关,而行动受规则制约 |
| 玩家 | 游戏需要一个人与游戏内容或其他人互动;<br>玩游戏的人就是学习者(玩家);<br>游戏活动常常引发学习行为,而学习者(玩家)是教学游戏化的目标受众 |
| 抽象 | 游戏都需要对现实进行抽象化改造,并在严格界定的"游戏空间"内进行。<br>也就是说,游戏拥有现实情境中的部分元素或情景的本质特征,但不是现实情境的复制品 |

续表

| 结构 | 内　　容 |
| --- | --- |
| 挑战 | 游戏挑战学习者(玩家)去尝试实现目标和赢得成果;<br>如果挑战消失了,游戏也就变得枯燥 |
| 规则 | 游戏规则界定游戏;<br>在游戏环境的限定范围,它们限定游戏的顺序、胜出的状态以及何为“公平”、何为“不公平” |
| 交互性 | 游戏需要交互,交互发生在学习者(玩家)之间、学习者(玩家)与游戏内容之间 |
| 反馈 | 游戏可以给学习者(玩家)提供反馈;<br>游戏中的反馈通常迅速、直接和清晰 |
| 量化的结果 | 游戏中的获胜状态是无可争辩的;<br>量化的结果是游戏的特点之一,使游戏可以与教学需求相匹配 |

这些看似零散的元素结合在一起,形成了一个有机整体。游戏挑战中的快速反馈和及时互动深深吸引着学习者(玩家)。

### 2.2.2 与游戏有关的理论

尽管游戏是伴随着人类的出现而出现的,但人类对于游戏的系统研究却开始得比较晚。在古希腊时代,柏拉图认为游戏满足了人们儿时的跳跃的需要。亚里士多德则认为游戏是非目的性的消遣和闲暇活动。一直到康德时期,游戏这一最古老、最平常的活动才开始进入理论思维的视野。康德把游戏者和艺术工作者联系到了一起,客观上提升了游戏的地位。到席勒时期,游戏的地位又上升到了新的高度,他认为:“只有当人充分是人的时候,他才游戏;只有当人游戏的时候,他才完全是人。”

**1. 古典游戏理论**

古典游戏理论试图通过哲学推理得出人们为什么要玩游戏、游戏的本质目的是什么等问题,其中最具代表性的有四种:精力过剩说、松弛消遣说、复演论和预演论。精力过剩说最早可以追溯至席勒,他认为游戏就是要用于发泄过剩的精力。哲学家斯宾塞进一步发展了该观点,认为游戏是生物体为了适应自身进化而发展出的一种消耗剩余能量的方式。哲学家拉扎鲁斯认为游戏是一种放松方式,是为了从日常生活的疲倦中重获精力,这可以被看做是最早提出的松弛消遣说，复演论是心理学家霍尔从胚胎学的角度出发提出的，他认为游戏是一种经验回溯，反映出人类的文化发展历程，如不同年龄段的儿童会呈现狩猎、野蛮、游牧、农耕和部落等不同阶段的行为。预演论的代表人物是生物心理学家谷鲁斯，他以自然选择理论为基础，认为幼小的生物体为了生存必须不断完善本能以适应复杂的环境，而游戏则是对这种本能的无意识训练和准备。

**2. 现代游戏理论**

与早期游戏理论关注游戏本质和目的不同，现代游戏理论试图从动机和认知的视角，探究游戏对人类情感和学习发展的影响。精神分析理论的创始人弗洛伊德认为，游戏作为现实的对立面，使儿童摆脱了现实的束缚，为儿童调节本我与超我之间的矛盾平衡提供了安全自由的方法，补偿了儿童在现实中难以实现的情感诉求，减少了儿童在现实中经历创伤性事件的痛苦。行为主义游戏理论继承了桑代克关于游戏实质的基本观点，认为游戏为儿童创建了安全“试误”的学习环境，游戏的趣味性和体验性等提升了学习的准备率、练习率和效果率；斯金纳并没有直接研究游戏，但是他提出的强化学习理论被广泛应用到了当前游戏设计之中。社会认知行为主义理论的代表人物班杜拉提出的社会学习理论则注重强调人的行为和环境的相互作用。按照该理论，假装游戏和角色扮演游戏为游戏者创造了一个安全地实践观察学习结果的情境，使观察学习容易发生，并强化了观察学习的行为结果，而且提高了游戏者的自我效能感和内部动机水平，使游戏中的学习行为得到良性发展。

认知主义于20世纪60年代后期逐渐成为心理学研究的主流，并为游戏理论发展做出了卓越贡献。皮亚杰在儿童认知发展理论中，从认知结构和发展阶段两方面，论证了游戏在儿童认知发展中的重要作用。他认为游戏不仅可以帮助儿童将新学的知识技能很好地内化，而且为儿童开始新的学习做好了准备。此外，儿童的游戏发展阶段是与心理认知发展阶段相适应的。皮亚杰游戏理论在当时引起了以认知为核心的游戏研究潮流，而且为后来游戏成为教学策略促进学与教的优化的过程提供了理论依据。布鲁纳提出的认知发现学习理论对教学实践产生了巨大的影响，该理论非常强调学生学习的主动性和内在动机对学习的重要性。他认为游戏是一个充满快乐的问题解决过程，对儿童解决问题的能力起到了积极的促进作用，其原因可归纳为以下三点：首先，游戏促使儿童自发地进行探索，调动了儿童的主动性；其次，游戏降低了儿童对结果的期望和对失败的畏惧，儿童沉浸在游戏中，有助于激发探索的内部动机；最后，游戏为儿童提供了在各种条件下大量尝试的机会，激活了儿童的思维，使游戏中知识的获得、转化以及评价过程得以实现。因此，布鲁纳建议在教学中加入游戏，以提高儿童学习的效果和效率。维果茨基基于文化历史理论的观点，认为游戏是决定儿童发展的主导活动，是一种有意识、有目的的社会实践活动。首先，游戏是社会性的，它为儿童创造了现实生活以外的、以语言和工具为中介的、学习人与人基本社会关系的实践场所。其次，游戏的中介作用促成了儿童心理机能从低向高发展，如象征性游戏让儿童实现了思维符号化和抽象化的过程。最后，因为儿童在游戏中的行为水平往往要略高于他的日常行为水平，这两者的差距形成了儿童的“最近发展区”，推动了儿童不断复杂的“内化”发展过程。维果茨基的游戏理论为当前幼儿园课程设计提供了理论指引，而且还极大推动了游戏活动在教育中的实践。萨顿·史密斯是20世纪下半叶最具影响力的游戏理论学家，他从行为、儿童发展和文化的不同视角对游戏进行了全面的研究，提出了更为全面综合的游戏理论。他还通过实证研究的方法，对游戏与儿童创造力发展的关系进行了研究。结果表明，游戏确实能更好地促进儿童的有效回应能力、表征能力以及自控能力的发展。概括而言，认知主义从人类学习的内部机制出发，尝试对游戏在认知发展方面的作用机制和影响进行深入解读，为游戏化教学活动的实际开展提供了必要的思想指导。

认知评价理论提出凡是能助长个体的自主感和胜任感的事件和条件都能支援内生动机。凡是使自主感和胜任感降低的因素都会腐蚀内生动机。认知评价理论还指出诸如获取新技能的机会和被适当挑战的机会都能增强胜任的感觉，相应地，也能激发内生动机。当一个人感觉自己与他人建立了关系时，他就经历了关联。这种关联现象在多人在线游戏中会频繁出现。

研究人员已经证明游戏对玩家的诱惑力的强弱主要取决于游戏激发玩家自主感、胜任感和关联情绪能力的强弱，而且有证据表明当这种刺激强烈到某种程度时，游戏不仅能激发玩家的热情，还能成为一种改善生理健康的体验。

实际上，一项自我决定理论与游戏过程的研究认为，游戏中的自主感和胜任感与游戏快乐感、喜好和健康状态的调整有关，而后者是游戏的结果。该研究还发现胜任感和自主感、游戏控制感、现场感（沉浸感）这些游戏的直觉本质密切相关，后者是游戏学习者在游戏体验中的感觉。

一项关于在线社群游戏的研究表明，自主、胜任和关联都能独立预测游戏的快乐感和未来游戏的参与度。用认知评价理论打造一款令人心潮澎湃的游戏，需要玩家拥有自主感和对自身活动的控制感，在游戏空间履行职责衍生的胜任感，并和其他人建立关系（联系人可能是现场的游戏者或以前的游戏者）。

### 2.2.3 游戏的教育价值

不管是现实情境中的游戏，还是网络世界中的游戏。我们都认为儿童是需要游戏的，那么青少年乃至成年人也需要游戏吗？游戏的教育价值体现在哪里？有学者提出，游戏的核心教育价值可以概括为游戏动机、游戏思维和游戏精神。

**1. 游戏动机**

尽管教学条件越来越好，但是学生的学习动机似乎并没有因此而有所强化。有报告显示，在美国，约50%的高中生认为老师的教学是不吸引人的，有超过80%的学生认为教学材料是无趣的。在中国，学生的学习动机不足也是教育者非常关注的话题。

动机可分为内生动机和外驱动机。当人们因自身原因、享受快乐、获得学习机会或体验成就感而从事某种活动时，这就是内生动机在起作用。莘莘学子为了自己的崇高理想，而非外界的奖励而发奋读书也是内生动机的表现。当被内生动机所激励时，人们愿意比他人更关注各种现象，同时对复杂度、矛盾、新奇事件和意外的可能性进行细致入微的观察。他们不惜时间，并独立自主地做出选择，收集和处理信息，这一切都会触发深度学习和创造性成果的产生。在内生动机大行其道时，人们享受的是行动的过程，而不是行动的结果。相反，外部刺激引发的行为带有趋利避害的目的，即人们寻求获得与行为不直接相关的东西。这时的动机不是内生的，而是外在的。它可能是高分，来自老板或高管的表扬，证书，报酬，大奖或他人的赞美等。绝大多数激励模型兼顾了这两种动机。

有实证研究证明，游戏有助于激发学生的学习动机，尤其是内生动机。有学者对比了研究叙事性学习(Story-based Learning，简称SBL)和游戏化学习(Game-based Learning，简称GBL)的效果。研究显示，95%采用SBL的学生是为了获得高分或者完成老师布置的任务而学习；仅有34%的采用GBL的学生将此列为学习的原因，而65%的学生提出他们学习仅仅是因为“想学”。不过，也有学者提出游戏激发的动机是否可以迁移到其他学习活动中呢？许多学者都曾经比较分析过游戏过程和学习过程，认为游戏过程很多时候就是问题解决过程，是探究过程，是协作过程。因此，游戏有助于促进探究学习、自主学习、协作学习的开展。

### 2. 游戏思维

在2003年前后，有人提出了游戏化的概念，该概念在2010年前后开始被广泛应用。所谓游戏化，是将游戏或游戏元素、游戏设计和游戏理念应用到一些非游戏情境中。比如，身体缺乏锻炼是个日益严重的问题，威胁着数以百万计的人。这并不是因为缺乏锻炼的人们不懂或没有常识，大多数人了解锻炼的必要性，被提问时能把锻炼身体的好处说得头头是道。遗憾的是，这些知识并没有体现到他们的行动中，很多人不去运动，甚至刻意逃避做运动的机会。于是，生活中我们会看到这样的场景，许多人离开地铁站时使用电梯而不是楼梯，即使电梯非常拥挤，需要长时间的等待，他们也不走楼梯。但是有个地方做了一个有趣的尝试，把地铁出口的楼梯变成了一组黑白钢琴键盘，如图2.2所示。当人们踏上楼梯时，每个台阶都会发出不同的声音。钢琴台阶安装以后，改变发生了，很多人会被键盘吸引，在进出地铁站时走楼梯，让音乐响起。这个尝试使得楼梯的使用率提升了66%。

图2.2　钢琴键楼梯

仔细分析游戏化的核心可以发现，这实际上还是发挥了游戏有助于激发动机的特点，游戏激发的并不只是休闲娱乐、逃避、发泄等表层动机，也会激发挑战、好奇、竞争等深层动机。游戏思维的核心就是不要拘泥于游戏的外在形式，而要发挥其内在动机的作用，在教学、管理的各个环节的活动中有机地融入游戏元素、游戏设计、游戏理念即可。

**3. 游戏精神**

游戏的最高层次和最有意义的价值应该是游戏精神。游戏最重要的特性就是自由性和自愿性，所以，首先应该能够允许学习者自由地选择想学的内容。比如，对大学生而言，虽然不能完全自由选择专业，但是应该允许他们尽量根据自己的兴趣选择自己的课程。其次，游戏是非实利性的，玩家(学习者)一般不是因为有外在的奖励才会参与游戏，而主要是由内在动机驱动的，所以通常并不是特别看重结果，而是更关注过程。根据这个特性，教学设计就需要根据学习者的天赋和兴趣来开展。

但是学习和游戏有所不同，游戏是可以“想玩就玩，想停就停”的，而学习显然不是。很多学习内容和过程确实比较枯燥，无论怎么优化设计，似乎都很难让学习者自由自愿地、愉悦地、不计升学和就业压力地、全身心地投入学习中。在教育领域，游戏是否可以变成对学习的奖赏呢？教育家索洛维契克相信人是可以学会满怀兴趣地去学习的，他认为人不应只做有兴趣的事情，而要有兴趣地去做一切必须做的事情。事实上，总是有一些学生能够满怀兴趣地去学习解析几何、数学分析等看起来很难、很枯燥的内容。通过弘扬真正的游戏精神也许可以使更多的学习者变成这样的学生。

以上三者既有联系又有区别，游戏动机是最基础，也是最具操作性的价值，它强调利用游戏来激发学习动机；游戏思维则是超脱出游戏形式，强调将非游戏的学习活动设计成“游戏”；而游戏精神则是最有价值的部分，强调学习者以对待游戏的精神和态度来对待学习的过程和结果。

### 2.2.4 游戏化学习及相关模型

伴随着信息技术和建构主义学习理论的快速发展，教育游戏也越来越受到人们的关注。加拿大学者巴格利曾经分析了新媒体联盟2004～2012年发布的《地平线报告》，他指出其中先后提出的37项新技术，但是只有7项被后期的报告证实，其中“基于游戏的学习”排在第一位。由此可见教育游戏(即游戏化学习)的重要性。

王大平指出，游戏化学习就是在教学设计过程中就培养目标、发展过程、评价手段、学习者心理特征与教学策略等方面借鉴游戏的思路，设计、选择适当的发展工具、评价方法、教学策略。牛玉霞等认为，游戏化教学是借鉴游戏的设疑、挑战、自主等理念，把教学目标隐藏于游戏活动中，根据学习者的特征以及教学内容，采取相应的游戏化教学策略。从而使学习者在放松的状态下，从乐趣中获得知识、提高技能和陶冶情操。

19世纪80年代，托马斯·马隆打算研究什么游戏才算有趣、怎样俘获人心。他进行了一项研究，对大量的游戏进行分析，并对其中的乐趣进行解构。研究结束后，他提出了游戏中观察激励状态的模型，他发现了游戏令玩家兴趣十足的奥秘。他假定的三个要素令游戏学习者欲罢不能，即挑战、幻想和好奇，如表2.4所示。

**表2.4 游戏吸引力的三个要素**

| 要素 | 内 容 |
| --- | --- |
| 挑战 | 确定的挑战目标搭配不确定的结果。如果结果确定达成或确定达成不了，那么游戏就没有挑战性。制造不确定的途径有：设置不同的难度级别、确立层次化的目标、隐藏部分信息和保持一定的随机性。<br>挑战也会被学习者的理解所左右，即目标对学习者来说必须具有某种含义，而且必须显而易见或触手可及。<br>马隆还主张对挑战中的进展提供反馈。他认为在挑战中获得的知识可给予学习者从事对自身意义重大的工作的能力，而在此之前，学习者是无法完成这些工作的。<br>游戏环境还可提升学习者的自尊心 |
| 幻想 | 马隆定义的幻想是一种“能唤起相关人员在现实感觉和实际经验中都无所寻觅的心理意象”的情境。他指出，幻想使教学环境更有趣和富有教育意义；在规划教学环境时，幻想有认知和情感上的优势 |
| 好奇 | 优化的信息复杂度、新颖性以及令人兴奋的学习环境会调动学习者的好奇心。<br>感知好奇是指学习环境中光线、声音和其他感官刺激的变化，从而引起学习者的关注。<br>修正高阶认知结构的预期会触发认知好奇。<br>为了锁定学习者的好奇，马隆建议反馈要出其不意和颇具建设性。<br>为了出其不意，可以采用无规律的做法，也可以在环境中刻意隐藏一些东西。<br>更老道的做法是随着时间的推移让信息和概念慢慢浮出水面 |

考量激励学习者的方法之一是约翰·凯勒发明的四要素模型审视激励设想ARCS模型，如表2.5所示。它是教学设计领域广为人知的模型，是设计电子化学习和常规可见的框架方法。模型中的A、R、C、S分别代表注意、相关、信心和满意。该模型着力于教学设计，但其中很多元素可以被教学游戏化的应用采用，而且在基于游戏的学习中被广泛应用，且效果较好。

表2.5 ARCS模型

| 组成部分 | 内　　容 |
| --- | --- |
| 注意 | 引起学习者的关注是第一要务,有了关注,学习者才能对内容产生兴趣。<br>可以通过多种途径吸引关注。知觉唤醒是通过具体的相关案例,利用其中的不协调、冲突和令人瞠目的部分俘获人心。<br>激发探究是向学习者提出疑问或摆出需要他们解决的问题,进行角色扮演或提供动手实践的机会,以激发学习者的好奇心。<br>也可以通过每天定时变换培训形式的方式保持学习者的注意力,这称为变式 |
| 相关 | 用下列方法之一建立学习材料的相关性:<br>(1) 目标定向,通过描述目标对学习者现实和未来的价值、实现目标的重要意义,引导学习者追求目标;<br>(2) 将教学动机与学习者的个体动机进行匹配,在成就、冒险、权利和身份等不同层面寻找结合点;<br>(3) 熟悉新知识,说明新知识与学习者现有知识应当如何关联起来;<br>(4) 树立习得新知、修得正果的样板 |
| 信心 | 信心是指学习者对成功的愿望。<br>如果学习者感到自己能读懂材料并有信心照着做,就会表现出更强的进取心。<br>帮助学习者找到信心的方式之一是在起步阶段清晰地阐述学习的要求和期望。<br>如果学习者能够准确地估计出需要投入的时间和精力,他们更可能落实行动。如果他们对获得成功的代价一无所知,他们就会倾向于踯躅不前。<br>此外,学习者喜欢看到成功,所以要积小胜为大胜。通过实现阶段性目标,并在教学中身体力行,实现挑战难度的层层递进。<br>当学习者相信自己对胜利掌控自如时,信心就建立起来了。<br>通过反馈和个体强化帮助学习者建立可控的感觉 |
| 满意 | 学习者需要体会到学习的价值和持续投入的必要性。<br>为学习者创造一个真实或仿真的环境,在其中,他们可以应用所学知识和技能,并了解应用的过程。<br>努力发掘学习者们的内生动机。<br>还要保证标准和衡量成功方法的前后一致,以维护公平的学习氛围 |

另一个着眼于激励学习者的方法是斯坦福大学的研究员马克·莱佩尔提出的围绕内生动机的教学设计理论,他提出了系列教学设计原则,阐明了推动内生动机、避免依赖外在激励的技巧。他列举了四条原则,如表2.6所示。

表2.6 围绕内生动机的教学设计四原则

| 原则 | 内容 |
| --- | --- |
| 控制 | 让学习者拥有驾驭学习活动的感觉。<br>对学习活动何时开始和结束拥有话语权。允许学习者不受外在干扰地做决定。<br>营造一个对学习活动的外在约束最小化的环境,并随时间的推移,减少现有的约束。<br>如果活动本身具有天然的内生性或激发兴趣的能力,要禁用画蛇添足的外在奖励,且最低限度地使用外来压力。<br>如果活动缺乏原始的内生兴趣,在一开始使用外在奖励是有益的,但你要随时间的推移逐步减少这些奖励 |
| 挑战 | 推出不断挑战学习者的学习活动。<br>活动有目标但结果待定,并具有适中的难度。<br>及时反馈完成度。<br>尽可能地提供多种目标或多层次目标以确保活动目标是适度的。让学习者在教学过程中不断接受挑战 |
| 好奇 | 激发学习者的好奇心 |
| 情景化 | 在功能仿真或幻想的情境中开展学习活动。利用真实的背景和环境强化学习的实效性 |

## 2.2.5 教学操作中的游戏化运用

有些游戏从开始就要一气呵成,无须中断;而另一些游戏由于内容太多而不能在一个环节中一蹴而就,必须分成许多环节,分步进行。有时,尽管游戏过程自始至终没有中断,但游戏需要重新登录以实现更多目标或获得更高的分数。多环节游戏过程可以被认为是分段练习。

在教学术语中,这种行为被称作分段练习、分散练习,它是一种把活动分布在众多小环节上分别进行研究或学习的技术,每个环节都有该环节的学习主题。与这一技术相对的是集中练习技术(又称填鸭式),在一段时间内开展高强度学习,试图一次性掌握所有内容。分段学习是学习中久经考验且效果显著的方式。研究清楚地表明分段学习是一个在长期记忆和内容回顾上获得持续和大量应用的现象。

分段练习可以帮助学习者长时间地保持对记忆信息的调动,因为其中的间隔可以促使学习者对所学资料进行深度加工。理想情况是学习事件之间间隔大于24小时,略短一点的时间间隔也是有效的。间隔学习可以通过在经过一段时间后引入重复资料实现,或通过把重复资料点缀到其他学习资料中实现。两次主题复述之间加大实践间隔会给学习者带来更好的记忆和学习效果。这种做法对所有类型的文字资料和运动技能效果卓著且持久,能在初始培训后8年内保持记忆犹新。比起时间更集中的练习,间隔练习的学习者的记忆效果更好。

分段练习规避了集中学习的两个问题。这两个问题是:集中学习会导致学习者疲惫和低效,集中学习加大了所学内容前后干扰的可能性。因此,比起集中练习,分散或分段的练习通常是更棒的学习方式。为了加深资料的长期记忆和获取大部分价值,学习者要把训练时间合理分段安排,而不是在一段时间连续训练。

教育操作中的游戏化运用,更多就是将学习练习的过程分段,就像很多游戏一样,即使有暂时的中断,学习者依然能保持着参与的兴趣,并且在每一次投入时都保持较强的动机和热情,从而增强教育效果。

# 2.3 户外拓展

## 2.3.1 户外拓展的起源与在我国的发展

户外拓展对应的英文专有名词是Outward Bound(简称OB)。1946年,OB信托基金会在英国成立,目的是推广OB理念并且筹集资金创建新的OB学校。1962年,科罗拉多OB学校成立。随后数年间,OB分校在世界各地不断成立,实践着OB的教育理念。1970年,OB分校在中国香港成立。

OB是最早的以冒险为基础的教育活动形式。Outward是向外的意思,Bound则是指迎接未知的挑战和风险。据说,在第二次世界大战期间,大西洋上许多商务船队屡遭袭击,很多船只由于受到攻击而沉没。大批船员落水,部分船员溺死在海水中,但也有少数船员漂流到一些孤岛上,这些人大多在经历了长时间的磨难后被救起。后来,这些幸存下来的人接受了专家的调查研究。人们惊讶地发现,得到救援的人大多并不是身体强壮的年轻海员,而是年纪较大的老海员。经过研究,专家们认为,这些人之所以可以最终存活下来,关键在于他们有着丰富的阅历和经验、坚定的生存信念和强烈的求生欲望,具有良好的心理素质,家庭生活幸福,有责任感,也善于与他人合作,所以他们最终幸存了下来。而很多年轻的海员在面对灾难时精神的沮丧,这导致了心理防线的全面崩溃,最终无力自保直至死亡。而后,教育学者们以海员幸存者的研究结果为基础提出了新的教育理念。德国教育学家库尔特·哈恩就是一位提出了创新的教育理念并把它付诸行动的先锋。

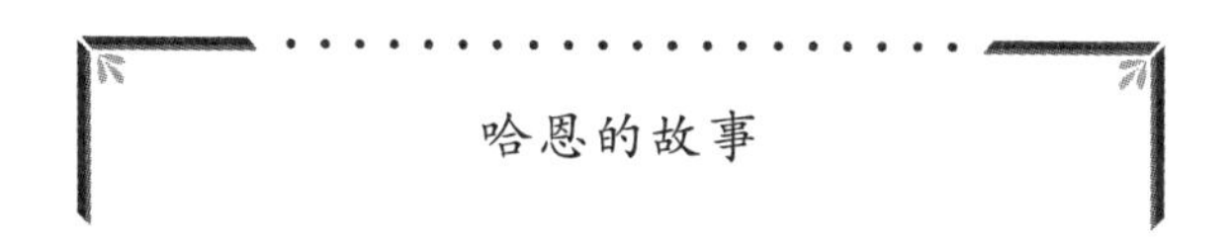
哈恩的故事

库尔特·哈恩诞生于1886年。少年时期,他酷爱野营和探险。十几岁时,他不慎受伤。为了恢复,有一年的时间他只能待在黑暗的屋子。但他没有自暴自弃，而是在恢复身体的同时学习了多种身体运动技能。他在大学时的理想就是创办一所学校，通过它来实现一种平衡的、对人格和行为有影响的全面发展的教育。

哈恩于1920年在德国创办了一所寄宿学校，开始了他最初的教育活动。1934年时，他被迫来到英国，重新创立了一所学校，但学校发展并没有想象得好。直到1941年，哈恩和劳伦斯·霍尔特联合创办了OB学校。这所学校除了训练年轻海员、工厂的学徒、警察、消防员以及军校学习者，还训练从普通学校放假或者要参军的男孩子。课程内容包括小船驾驶训练、体能训练、越野训练、救援训练、海上探险、陆地探险和对当地居民的服务活动。

OB学校如今已经是世界上最有影响的户外拓展组织之一。1995年，随着中国培训企业的成长与发展，北京出现了第一所拓展训练学校，并迅速发展壮大，现已拥有十余家分支机构与几十个户外拓展基地。近十年来，类似的户外拓展机构与基地如雨后春笋般大量涌现。很多单位在新员工入职后，都倾向选用户外拓展来作为新员工入职教育的内容之一，以增强员工的团队精神，促进团队合作能力。

21世纪后，随着我国教学改革的推进，高校率先引入了户外拓展。一些高校如北京大学、中国地质大学等，都建造了攀岩墙等常用于户外拓展的设施。不少高校的MBA、EMBA教育中，也出现了让学习者过草地、爬高山还有穿越沙漠的野外课程，以培养学习者坚持不懈的意志力和面对艰难困苦环境的毅力。目前，大、中、小学的体育课堂中，也纷纷引入户外拓展的活动设置，开展团队教育。

### 2.3.2 户外拓展相关理论基础

**1. 教育学基础**

户外拓展本身就是一个教育过程，因此其理论基础必然涉及教育学。教育学认为主观能动性是个体身心发展的动力。从将个体发展的各种可能变为现实这一意义来说，个体的主观能动性是个体发展的决定性因素。客观环境不断变化产生的新要求能够激发个体的主观能动性，新的客观要求能为人所接受就能引起人们产生需求。户外拓展常使学习者处于新奇有趣的学习环境下，活动的成功与失败在很大程度上取决于个体的主观能动性的强弱。

教学中的互动是现代教育中探讨的热点，户外拓展能够在学习中充分实现教与学的互动性，尤其是在情景互动、人际互动方面，优势特别突出。

2. 心理学基础

行为主义认为学习就是学习者行为改变的过程，这种行为的改变是通过学习者在不断的实践行为中总结经验来实现的。很多知识和技能都是通过总结现实生活中的体验而得到的，人生经验能促使行为改变。户外拓展强调在真实或模拟情境下的“经历”“体验”。以经历带来的体验可以转变人的行为模式这一理念为基础，这是符合行为主义基本思想的。学习者在不同情况下的学习状态是不一样的，因此，学习的内在动机很重要。通过激励手段可以促使学习者更加努力，同时，团队的荣誉感也可以促使学习者与他人展开合作。户外拓展可通过情景模拟体验引发学习者积极地学习。

多元智能理论认为人的智能至少包括9项内容：语言、数理逻辑、视觉空间、音乐节奏、身体运动、人际社交、个人反省、自然观察和存在思考。每种智能都很重要和有价值，各种智能的不同组合造成了每个人在智能上的差异及拥有独特的潜能。多元智能理论为素质教育提供了理论指导。在户外拓展中，体验者眼睛要看，耳朵要听，嘴巴要说，手脚要动，头脑还要思考，会调动体验者身心多维的参与，促进多元智能发展，以及激发其中的潜在能量。

根据心理学家皮亚杰的观点，个体在活动中会经历不断的同化活动，在适应环境的同时将外部活动内化为内在的心理活动。户外拓展中非常强调合作，不同的个体为了一个共同的目标而努力，将自己和与其他人的感受和视角有意识地融合，促进体验者学会接纳，尤其是推动那些持有不同观点的组员，加速认识上的发展。

人本主义认为学习是为了个体的发展，满足其健康成长、个性整合和素质提升的要求。人的自我认知不是靠外部的灌输或行为的塑造来完成的，而是依靠自身的体验或经历来实现的。学习者应是主动的、负责任的、有独立解决问题能力的。人本主义提倡以人为本，让学习者全身心投入学习，强调带领者和学习者双主体地位，带领者不仅要教授知识，还要培养学习者的学习能力，为学习者提供学习环境和资源，营造促进学习的良好气氛。

3. 社会学基础

社会学理论包括社会相互依赖理论、群体动力学和符号互动理论，其实这三种理论的共同点在于：小组是一个具有群体动力的整体，在这个整体中，所有的学习者相互依赖、相互依存、相互影响、相互交往。这里的交往不仅仅指团队中人与人的交往，还包括每个人自己的内心活动。户外拓展倡导小组合作学习，注重小组内学习者间的沟通与交流，促进个人与团队的共同成长。

**4. 管理学基础**

在户外拓展的项目体验中，加强群体、团队的概念，理解群体与团队的差异，也会涉及组织与组织文化以及领导力的培养。在分享回顾环节，也会涉及个人决策、团队决策、价值分析等主题。在某些户外拓展的项目中还会模拟管理的层级问题，组织中层级之间如何沟通、协作与决策也都是来自于管理学的观点。

### 2.3.3 户外拓展项目的不同类别

**1. 低风险项目，以个人挑战为主**

此类项目强调用积极的心态与行动参与活动，融入团队接受支持，摒弃胆怯，展现自我，加强自信与互信的培养。这是学习者鼓起勇气接受挑战的开始，调整心态，突破自己含蓄或张扬个性，在挑战中接受队友的支持，获得力量，积极快速参与融入团队中。

**2. 较低风险的户外活动项目，以团队挑战为主**

此类活动对于增强融入团队的能力和增强沟通的能力有很大帮助；理解讨论与决策，包括在危机情境下的"民主讨论"与"武断决策"的意义；学习领导力在团队活动中的作用；树立团队共同面对困难与战胜困难的信心；加强组织内的有效沟通；加强所有学习者之间的合作意识与合作技巧；明确分工与领导产生在团队中的作用。

理解规则对此类活动来说极其重要，学习者与带领者之间、学习者彼此之间可能会因为对规则的理解不同而产生分歧或冲突，正确地化解此类冲突是团队走出"动荡期"所必须经历的过程。

**3. 较高风险的户外活动项目，在团队支持下以个人挑战为主**

此类活动可以帮助个体了解自己在团队中的作用，理解自己与他人之间的关系(个体选择逃避将使团队行动受挫)，从一个新的角度认识自己的能力与潜力，培养自立自强、勇敢面对困难与战胜困难的决心，培养面对挫折时的自我说服能力，增强自我激励与激励他人的能力。促进学习者求同存异地看问题，有助于合理地保护帮助与信任队友。

此类活动需要团队的共同参与，以激发个人潜能为目标，对个体心理冲击力较大。此类活动往往是学习者们期待和盼望参加的内容，学习者们对于高风险的挑战总会津津乐道，在挑战中获得成功的体验后会带来极其美妙的感觉和记忆。高风险挑战活动除了能给学习者本人带来心理上的极大冲击，对增强团队的凝聚力也有很大的帮助。

**4. 较高风险的户外拓展项目，以团队挑战为主**

此类活动旨在培养团队意识与团队合作精神，提高团队工作效率，营造和谐环境，培养良好的人际关系，培养团队内部学习与互助的能力。强调信任在团队活动中的作用，对团队良性发展给予及时的肯定与认知等。

此类活动需要在团队有一定的挑战能力时进行。由于学习者共担风险，所以活动的风险性对单个学习者来说并不高，但活动中的个体风险若同时发生，其造成的难度将会使活动的推进的难度加大，易出现不可控因素。

### 2.3.4 户外拓展项目的性质

户外拓展的项目性质是由学习者所需完成的课程的目的决定的，项目的性质可以体现活动的目标，也可以让学习者更加清楚活动的价值和所要投入的精力，这对学习者调整心态、理解规则有着积极作用。户外拓展的项目一般包括破冰项目、热身项目、个人挑战为主的项目、个人挑战与团队配合相结合的项目、团队熔炼为主的项目。

**1. 破冰项目**

破冰项目是训练课程刚开展时的重要部分，以打破学习者在进行团队活动时的心理隔阂，使学习者能够快速进入学习状态为主要目的。

破冰项目一般被安排在最初的1～2次课程中。顾名思义，破冰项目是要让学习者内心的“坚冰”在活动中略有融化。破冰项目鼓励学习者敞开心扉，培养幽默感，尊重他人和他人的观点，积极思考和创新。最重要的是学习者将会允许别人和自己说笑、互动，自然地增加一些身体活动或者身体接触可以建立正面的互动，但过多的激励和极端亢奋性的活动并不可取，对于需要通过一段时间相处来相互熟悉的群体来说，“慢热型”团队的组建和发展更能给学习者留下较高的期待。

**2. 热身项目**

热身项目大多被安排在破冰项目后，主要包括热身游戏、暖场游戏、导入游戏、反衬游戏等。热身项目所用时间一般不超过一次训练时间的1/5。活动结束后可以安排简单的回顾或总结。热身项目对于保障身心安全，减少伤害事故也有帮助。

热身游戏是为了提高身体的活动能力，可以选择慢跑或者做一些关节操，也可以针对活动项目进行有目的的热身，如信任背摔前，学习者可进行三角支撑、腰背部力量练习等。暖场游戏是为了增加学习者的兴趣,增强课堂的活跃气氛,提高学习者的注意力。导入游戏是为了即将开展的活动项目而进行的有针对性的训练,目的是为了活动能快速顺利地开展,有时是为了活动布置与活动技术动作的学习做铺垫。反衬游戏主要是通过活动形成一种认知的倾向,一种与此后的活动中会出现的认知完全不同,从而产生极大的反差和震撼,以此促进反思和提高学习效率。反衬游戏往往为了更好地完成一些心智类为主的游戏而有计划地安排,反衬游戏本身往往针对的是将要进行的活动的盲区或误区。

**3. 个人挑战为主的项目**

个人挑战为主的项目指的是那些让学习者通过个人的努力和队友的鼓励、间接支持,主动接受项目挑战并努力获得成功的项目。个人挑战为主的项目主要挑战的是学习者心理承受能力,培养的是学习者的冒险精神和坚强的意志品质,增强学习者在挫折面前不屈服的信念,从而提高学习者面对困难的能力。

户外拓展的个人挑战项目并不是让学习者单独面对困境,而是整个小组面对同一困境,大家轮流接受挑战,在队友的鼓励和相互影响下完成各自的任务。团队学习中,个人挑战成为其中的重要部分并不是一个悖论,团队发展需要通过个人的发展来实现。个人在团队中进行挑战一般以团队为依托,通过团队的支持和帮助,在面对困难时独立完成任务,从而达到充分体验和感悟项目活动的目的,从中获得成就感。个人挑战的活动主要是模拟在困境、风险和陌生的危机环境中会出现的情境。一般来说,完成这些活动大多需要学习者通过自己的努力,逐步探索,直到最终完成任务。

传统的户外拓展活动中,个人挑战项目主要是由高空和中空项目组成,并且以高空项目为主。现在的户外拓展活动普遍增加了部分中低空项目,以适应青少年身体和心理的发展需求。

**4. 个人挑战与团队配合相结合的项目**

个人挑战与团队配合相结合的项目是指学习者个人挑战必须在团队其他学习者的密切配合下才能完成的项目。此类活动对个人挑战来说有一定的风险,风险的降低需要全体队友的共同努力,在提高学习者自信心,增强心理承受力和抗挫力的同时,重点考验对同伴的信任和支持。此类活动常常可以为同伴之间的通力合作创造一个最佳的导入契机。

个人挑战与团队配合的项目主要分为两部分,即个人挑战部分与团队配合部分,个人挑战是活动的主体,团队配合可以为个人完成挑战提供必要帮助。两者之间需要密切合作才能达到好的效果。

**5. 团队熔炼为主的项目**

团队熔炼为主的项目应按照团队学习理论，适时安排在团队发展的不同阶段，以提高团队的协作能力，充分发挥团队学习者之间的互补优势，提高团队在有限的时间内完成任务的效率。有时候也会制造“冲突”，并让团队学习者通过共同的努力来化解“冲突”。

团队熔炼项目主要有加强团队信任的项目、提高团队沟通技巧的项目、培养团队协作的项目、提高团队学习者责任心的项目和提高团队领导力的项目。团队熔炼项目往往会让学习者在团队心理中产生较大变化，被包容接纳还是被排斥冷落，能够提供帮助和被帮助还是无法参与、孤立无援，是否可以信任他人和被他人信任，活动中的参与度和活动后的满意度比较等问题，都是影响学习者心理变化的重要因素。因此，选择不同的团队熔炼项目并确保学习者在活动后进行真诚的分享，可以促进彼此之间求同存异、换位思考，及时化解冲突和危机，对团队熔炼项目的学习来说极其重要。

## 2.3.5 户外拓展涉及的安全问题

户外拓展中的安全不单单指身体的安全，而是全方位的安全，它包括：

身体安全：保护学习者的身体不受伤害；

心理安全：学习者可接受的心理压力；

行为安全：不允许做违反道德和法律的活动；

器械安全：使用器械与活动道具时的保护；

环境安全：环保习惯与意识的培养。

安全意识是户外拓展中非常重要的部分，安全与不安全之间没有过渡阶段。将安全意识融入日常生活习惯之中，以此获得训练的附加价值。

在进行户外拓展的安全操作时，学习者在活动中应按照安全指导进行活动，从而对潜在的危机与风险进行有效的管理。在明晰风险操作范围、规范安全操作技术、严格安全操作原则等方面做好准备，降低风险向事故转化的概率，为在风险中获得安全找到最佳的临界线。

**1. 明晰风险范围**

适当地加入风险因素是户外拓展活动的重要特点，对学习者来说，过高的风险可能导致危险的结果，甚至会导致灾难性事件的发生，但是毫无风险的活动也会使户外拓展失去意义——对个人挑战能力的培养。在进行户外拓展时，应按照学习者切实的挑战能力，根据项目的难度分析，在一定的范围内对项目的难度随时进行调节，才能真正让学习者得到满意的体验。

**2. 规范操作技术**

虽然有丰富户外拓展经验的带领者能应对很多偶发事件，但是经验丰富并不代表就能完全规避风险，只有规范操作才不会导致不必要的意外。例如，“信任背摔”这样的活动，即便是经验丰富的带领者依然可能会遇到因为操作不规范而引发意外。在背摔活动中发生意外屡见不鲜，大多为轻微伤，但意外的发生会带来心理上的伤害，尤其是安全感和信任方面。因此，严格的执行规范操作才是避免意外的最核心要点。

时间空间的安全判断技术，课程布置时的安全讲解技术，活动进行中安全监控技术，危机出现时的安全化解技术，事故出现时的安全处理技术，这些都是户外拓展带领者需要接受严格和规范的培训，将其熟记于心并灵活运用的。

**3. 安全原则**

户外拓展活动通常都会设置安全准则，但参与者有时会认为“原则”是束缚，是多此一举的。事实上，意外的发生大多是由于某项原则未被执行。与其后悔不已，还不如严格遵照原则，防止意外事故发生。

表 2.7 户外拓展的安全原则

| 原则 | 内　容 |
| --- | --- |
| 双重保护原则 | 课程设计时，针对所有需要安全保护的训练项目，都必须进行双重保护演练，确保其中任意一种保护方法都足以保证学习者的安全 |
| 器械备份原则 | 任何需要器械保护的环节都必须安置备份器械 |
| 多次复查原则 | 合理使用所有的安全保护器械，完成后必须再复查一遍，对高危环节要进行多次检查，消除操作失误的可能性 |
| 全程监护原则 | 户外拓展带领者对项目中可能遇到的安全问题进行全程监护，将隐患消除在萌芽中 |
| 自愿参与原则 | 按照“选择性挑战”原则，不得强迫学习者参加某些高风险活动，由学习者自己判断和选择是否参与，避免因此发生意外 |

# 2.4 历奇教育

## 2.4.1 历奇教育的起源与在我国的发展

历奇教育创办人杰里·皮耶的父亲是明尼苏达OB学校的创始者。杰里十分认同OB的教育方式，但基于大多数人不能负担所需的时间和费用，故他将OB教育理念带到传统学校中，取名为历奇计划(Project Adventure)，所以也可以说历奇教育源于OB。

杰里把OB教育理念带到林肯-萨德伯里高中，在传统的课程外加入一些历奇课程，课程由一班OB带领者所设计和带领，活动包括攀岩、绳网和短途登山。活动的项目主要由带领者选择，课程大多以户外兴趣小组形式举行。杰里希望将OB的理念和过程融入传统课程之中。1971年，杰里获得美国联邦教育局的三年资助，他聘请了一批前OB学校的教职员，学校老师也被邀请一起参与设计课程。初期课程通常安排在第十级的体育课中，但在体育课中学习到的个人和小组学习技巧却能够应用于语文、历史和科学课的小组学习上。1974年，历奇计划借此项三年学校课程赢得了美国国家示范奖励，检验报告指出这项目对建立和加强学生的自我概念有显著的成效。由于课程得到了美国政府及社会的正面评价，历奇计划的教职员在随后与400多间学校分享了这宝贵的经验。由于历奇计划课程的发展远超过预期，故在1981年注册成为一个非营利团体，服务对象也扩展到社会服务机构、辅导抗法中心、大学、公司等。现在，历奇教育在美国、新西兰、新加坡、日本等地都设有训练基地或办事处。

在我国，历奇教育主要在香港地区发展。最早于20世纪70年代萌芽，早期的带领者较注重“纪律”和“服从”。至20世纪90年代中期，一些资深的教育家、社工将“尊重为先”的理念带入历奇教育中。“尊重”包括带领者尊重学习者，学习者尊重带领者，从尊重中产生自重和自律。历奇活动在技术训练逐渐加入个人成长的元素。1997年，一群热心的历奇工作者，自发定期举办研讨会，分享各机构在历奇教育活动的发展、动向和面对的困难，并于1998年成立了香港历奇辅导学会。

## 2.4.2 历奇教育分类

香港历奇教育专业人士认为,历奇教育可以通过总结分析在活动中的亲身情绪感受,归纳经验和失误,表达新的意见和观点,以推动行为改变。因此,历奇教育可以分为两大类:学科教育和个人素质成长教育。

**1. 学科教育**

学科教育是学习者透过户外环境,增进学科知识,如野外考察活动学习者可亲身观察和触摸书本中的山林、树木。这样除了可加强书本知识的学习外,还可加强学习者的自然保护意识。

曾有历奇教育专业人士与中学合办社区认识活动,带领30位中学一年级学生去西贡渔村,让学生通过活动前的资料搜集及访问村民的活动,了解渔民的生活、渔村的历史及转变。利用此项活动,可促进学习者在公民教育课中的知识学习。

**2. 个人素质成长教育**

这是对于“人”的训练,包括个人价值观和人际交流能力的建立,以及加强人际关系和领导才能。通过历奇活动,以促进新理念的学习,加深、丰富已有的知识,学习一些新的知识以满足将来的需要(如学习团体队工的理论和合作技巧,以及学习新的疑难处理方法)。学习者会对人和事有了新的观点,用新的态度面对日常生活,渐渐提升个人的能力。

历奇是一个面对未知的过程。“活动必须面临未知的结果,才可称为历奇。”历奇必须包含“未知”这一元素。“未知”的产生可以通过一个熟悉的地方参与一些不平常的活动,这样的活动结果是不确定的(可以是成功,也可以是失败)。根据牛津字典的解释,历奇是“做一些新的、不同的事情”。霍普金斯和普特兰指出历奇是因人而异的。同一件事情在同一个空间和时间里发生,对甲来说可能是历奇,但对乙来说可能不是。笔者的朋友曾与一群参加攀岩训练的学生进行独木舟海上挑战,当时的学习者表现得十分轻松、毫无压力,谈不上在历奇;但在夜晚高山宿营“给自己的一封信”的项目中,却感受了心理上的历奇。故此,历奇不单有户外的、体能上的,也有室内的和心理上的。

历奇教育强调“挑战”,包括放开自己,尝试超越自己已设定的能力界限。同时,也包括重新评估固有的事物、思想、朋辈关系,正面、直接地提出自己的观点,并积极应对不同的意见。学习者需要鼓起勇气去面对“挑战”带来的不明因素以及挑战失败带来的挫折感。

### 2.4.3 历奇教育的目标

历奇教育的最终目标是提高学习者的自我认识能力，帮助他们与自己、他人建立正确和健康的关系，提升个人素质，对生活充满热诚，勇于承担责任，积极投入社会，成为良好公民，为社会带来正面影响。

1. 建立信任

信任是人际关系中的重要元素，可促进形成互相支持的气氛，帮助个人与社会建立联结和归属感。在历奇教育中，信任是重要的元素，很多项目均需要学习者基于信任进行彼此合作和互相保护才能完成。若一方缺乏信任，轻则不能完成体验，重则易引发事故。在历奇教育中，学习者愿意面对接踵而来的挑战，尝试适应陌生环境，相信自己能逐一解决困难，并信任同伴能和谐相处与展开合作，最终与其他学习者一同完成任务。这有助于学习者建立对自己、对他人的信任。

2. 订立目标

订立目标及协议须一起使用。协议的内容主要是鼓励学习者全力以赴、投入各项目、与组员协调和注意安全等。带领者在实际运作历奇教育活动时，在每个项目开始前都应与学习者订立目标及协议，使他们知晓参与的意义，增强参与的动力，以推动任务的完成，迈向突破自己和成长的路。此外，订立目标及协议亦能帮助学习者评估自己，并了解他人的状态和期望，有助于彼此协调。

3. 挑战与压力

有学者提出，历奇教育专业工作者应在程序中设计一些挑战和压力，使学习者处于不舒服或紧张的状态，以突破个人的限制，迈向成长。美国的历奇教育工作者称这种不舒服的状态为“危机运用”，英国的历奇教育工作者则称其为“严峻考验”，香港地区则称之为“挣扎区”。历奇教育专业工作者在设计程序时可添加成长和改变的催化剂，以引导学习者反思。

设计程序中的危机运用，是指历奇教育工作者运用一连串的程序配合危机应对，引领学习者迎接有关考验。当历奇教育工作者准备提升学习者的能力，恰当运用不舒服的状态，营造互相信任的气氛时，往往能激发学习者勇于接受挑战，达到催化个人成长的效果。

反过来说，假如学习者的能力远超过历奇教育工作者设计的危机应对需求，那克服此类危机只能为学习者带来肤浅的成功经验，无法使其实现突破成长。若历奇教育工作者设计程序的危机性过高，学习者难以完成，该项历奇活动就变成过于危险的冒险了，甚至只能为学习者带来负面的历奇体验，严重的更会伤及学习者的身体和心灵。

故此，历奇教育工作者在尝试一些高难度项目时，必须时刻留意学习者的进度和身心状态，组员间是否有足够的凝聚力和合作性，以评估他们是否适合进入考验。倘若项目进展未符合要求，历奇教育工作者就应该修订或延后挑战，给予学习者足够的空间，让其在最佳状态下进入挑战。

4. 高峰体验

马斯洛指出，当人一旦确认了自己的价值和特质时，就会感到满足快乐。这是自我实现的领域，也是需求层次理论的最高点。在历奇教育中，称之为高峰体验。通过个人及小组一起迎接挑战，学习者认识到自己是有能力的，是可以突破限制、体验成长和自我实现的。

5. 解决难题

人生充满无数的难题或困境，每解决一项难题都标志着一次成长。每次遇到难题，只要勇于尝试，就有机会迈向成功，感受当中的兴奋与喜悦，并获取新的技能，迎接下一个难题。

历奇教育中，工作者会营造很多情境让学习者解决难题，不论是游戏还是野外生存，往往都需要学习者与其他组员运用解决问题的技巧，一起合作完成。例如，解决问题前需要收集每个人的意见，评估各个可能的方案，再进行尝试。无论成功或失败，学习者都体验了解决难题的情境，而每次的体验都一定会带来个人的成长。

6. 社会责任

历奇教育注重生活实践，工作者常常在最后的环节安排社区服务，不但能服务有需要的群体，还能帮助学习者把学会了的技能和应用在实践中，如信任、领袖才能、解决难题、团体合作精神等。服务项目可以是协助社区探访弱势社群，为独居长者清洁或维修家具，清洁海滩、郊野，美化社区等。

### 2.4.4 如何令学习者体验高质量的历奇教育

事实上，部分历奇教育已被视为只有“烟花效应”，并没有长远效应。个别经常参与体验的学习者会产生“抗生素效应”，只寻求即时效果。工作者应避免不断提供震撼的感官刺激，而忽略了需要花费时间孕育的内在改变和突破。

历奇教育可分为两类：

量的历奇：主要是外在活动，需要不断开展，通常难以满足内在的欲求。

质的历奇：注重内在的挑战，目标是转化生命，过程中通常充满喜悦及感恩之情。

事实上，高质量的历奇教育需要达到以下七项条件，如表2.8所示。

**表2.8 高素质历奇教育的七项条件**

| 条件 | 内容 |
|---|---|
| 刺激 | 一般人面对强大的挑战有四种反应：警觉、逃避、不知所措、对抗。<br>为达到最佳效果，可借助伸展及热身运动，令身心逐步进入状态。有趣和轻松的破冰游戏可缓解他们的焦虑，提升群体意识 |
| 意义 | 无论挑战的难度如何，学习者都必须了解其重要性和意义，才可能全力面对。<br>这信念正是弗兰克倡导的意义辅导法，即透过寻觅意义，在空间和程序上确立共识，学习者的心态才能从"为何"转移至"为何不可" |
| 慎重 | 历奇教育强调行动力，但面对危机时需要细心观察、冷静分析。<br>无论在程序安排、领导风格方面，还是在建立群体共识方面，皆需要预留足够空间。尊重群体内的不同声音，特别留意较文静的学习者的独特角度，提高安全意识，并保障学习者的安全 |
| 支援 | 有别于充满竞争意识的挑战活动，历奇教育注重通过群体的支持来达到个人成长。<br>在友好的团队氛围和群体的支持之下，学习者大胆面对挑战。例如，在攀岩活动中，为了达到最佳的支援效果，增强队友之间的沟通技巧、提升团队意识、强化信任等程序均是不可或缺的工作 |
| 牺牲 | 任何支援的底线一定涉及个人利益。历奇教育借着同行的经验，共同承受困难和苦楚 |
| 满足 | 克服困难带来的成功感和满足感，是成长历程中非常重要的动力。<br>历奇教育重视的，并非是廉价和有保证的成功，更非是压倒对手带来的优越感，而是学习者竭尽全力的过程。无论遇上怎样的困难及挫败，最重要的就是保持欣赏、感激及满足的心态，这正是长远成长和成功的基石 |
| 自省 | 在历奇教育中，成功或会叫人自高自大，挫败或会使人畏缩不前，自省的心却使人可超越眼前的成败，获取其中信息，寻求自己的提升 |

人生本来就是历奇的过程，最重要、最震撼的历奇往往发生在生活中。历奇教育最大的贡献，莫过于借着模拟的经验、适宜的挑战、互相支持的群体、适度的引导等获取生命成长，装备生命面对生活挑战。

高素质的历奇教育非常注重成长进程，就像大自然中，种子在阳光和雨水滋养下萌芽生长，生出嫩枝，最后开花结果，有其独特的成长进程。学习者从一个习以为常的领域——舒适区，到达一个使人产生心理压力和危机感的状态——挣扎区，令学习者想要退回原位，甚至放弃挑战。但通过群体的支持和信任，学习者会鼓起勇气接受挑战，冲破自己的限制，达到新领域——成长区，攀上人生另一高峰。历奇教育进程中的三个区域如表2.9所示。

**表2.9 历奇教育进程中的三个区域**

| 区域 | 内 容 |
| --- | --- |
| 舒适区 | 无论生活多么困难，人都会倾向寻觅一个平衡点作为依归，只要情况不再恶化，就可在该情况下继续忍受。<br>身处的环境、居所、群体，甚至是作息的规律、解决问题的方法等，均是舒适区的重要成分。<br>纵使客观上仍存在负面影响，舒适区蕴含的安全感也会令人不轻易求变 |
| 挣扎区 | 这是一个面对危机，使人进入混乱和不安的区域及时段——想离开现今的困境为推力，憧憬未来境况为拉力；另一方面却想保持现况，畏惧转变，不欲付出代价。两种倾向不断角力，这其中交织着多种情绪：不安、紧张、迟疑、焦虑、恐惧、期待、兴奋等。学习者多会有进三步退两步的情况 |
| 成长区 | 借着个人的努力和决心、旁人的支持和鼓励，在催化成长的条件和环境的共同作用下，终于找到新的平衡点。该区域的重点不再是解决问题和平息危机，而是个人的突破、成长和转化，是一个值得庆祝的时刻！然而，若没有反省生命的意识及成长的能力，这个成长区稍后将演变成另一个舒适区 |

有学者提出，人的成长由四重视野联结而成，分别是向上（发挥潜能）、向外（发展人际关系）、向内（自我认识）及向下（善待环境），如表2.10所示。这四重视野犹如一个平衡体，需要人在各方面均衡发展。

**表2.10 历奇成长的四重视野**

| 视野 | 内 容 |
| --- | --- |
| 向上<br>（发挥潜能） | 每个人的生命都犹如一个宝藏，当我们愈加发掘，愈能感受到自己生命的宝贵和内里的独特素质。活动进程中，学习者能发现自己从未注意的地方，这是一段重要和有意义的时间。例如，在完成长途旅程后，学习者才发现自己的体力和耐力足以应付艰巨的挑战 |

续表

| 视野 | 内　　容 |
| --- | --- |
| 向外<br>（发展人际关系） | 美国精神科医生克莱布在其著作中提出了人类至深层的需要，即要与其他人和社会建立联系，在情感上得到支持，从而获得力量面对困难，处理伤害和承担压力。<br>历奇教育项目提供了小组学习的模式，学习者要与组员一起解决困难，通过共同合作才能完成项目。因此，学习者在过程中有机会学会与他人相处，并尝试担任领袖，学习观人入微，做出适当的反应，进而预备成为社会未来的领袖 |
| 内向<br>（认识自己） | 心理学家埃里克森指出，人生是一个探索自我的过程。人在积极探索自我的过程中，对自己产生越来越多认识：了解自己是一个怎样的人，哪些是自己的强处、限制和喜恶。尽管我们仍未能全然了解自己，但在成长中已向前跨了一大步。学习者更加清楚地认识自己，对自己提出合理的要求，多一点接纳自己和尊重他人，与外界建立正确和健康的联结 |
| 向下<br>（善待环境） | 每天我们都在消耗大自然的物资，生态的循环不息是十分可贵的。我们要学习欣赏生活，爱护、尊重和感谢大自然 |

面对不同的人生挑战及危机，成长并非是必然的结果，唯有借用各种有利的条件，方能催化成长的进程。① 成长的意愿。面对困难及危机，一个身心健康的人不单期望解决问题、舒缓压力，还会希望在过程中成长。一个人的成长速度要想超越同辈，关键是拥有一颗积极和向上的心。② 潜在的能力。每个人的生命都是一个宝贵的器皿，里面潜藏独特能力。有些能力是天生的，但大部分都是从成长积累而来的经验，这些能力会成为重要的参考和主力，帮助学习者攻克今天的难关。③ 全力投入。要勇于面对重大的挑战，必须全神贯注，全力以赴，并要有锲而不舍、永不言败的精神。④ 适宜的挑战。过难的挑战会带来挫败和打击，过易的挑战亦会妨碍成长；与学习者能力相匹配的挑战才是成长学习的好时机，这就是历奇教育可带来的独特贡献。⑤ 心灵的震撼。一般活动只有娱乐及休闲的功能，唯有生命中的危机或精心设计的震撼的历奇活动，才能带来心灵的变化。⑥ 群体的支持。学习者处于未知和不保证成功的处境中，群体的接纳和承托，鼓励和安慰，同在和同行，保护和祝福，是跨越困难和孕育成长的不可或缺的条件。⑦ 适当的引导。危机和困难多会带来混乱和迷失。智者的引导可以协助学习者洞悉处境、辨清方向、确认目标、调校步伐、获取支援、更新心灵、反省转化。

### 2.4.5 历奇教育活动的风险评估及管理

“历奇”是带着未知、危险和意外的可能。而“冒险”是历奇教育活动不可或缺的因素。既然不能避免，带领者便需要建立一套有效的风险管理系统，以确保活动的安全性。带领者有责任保护学习者和防止意外发生。

潜在危险方程式（人＋环境＋器材＋活动＝潜在危险）是一个介绍潜在危险出现原因的简易方程。“潜在危险”由人、环境、器材和活动四个要素所组成，四者相互关联。假设其他因素不变，由一位资深带领者（能力强）改为一位初级带领者（能力较弱）带领活动，那么“潜在危险”会相应增加。当然，人、环境和器材的危险性同时提高时，“潜在危险”系数亦相应提高。“潜在危险”系数越大，发生意外的机会越多。不过“潜在危险”的存在并不代表事故或意外一定会发生。

带领者需确认“风险”的存在，不能采用“鸵鸟政策”，避之不理。在计划阶段，需分析及评估活动项目的潜在危险，并设定预防方法和应变措施，以降低意外事件发生的几率。设计课程时应将“潜在危险”/“事故”纳入课程设计中。在带领者培训或教育学习者时，增强他们的安全意识，以减少意外的发生。同时，还可以分析意外的成因，整合资料，并进行系统化分析，以制订训练内容和活动守则。

平衡风险和安全性是十分重要的。带领者最好能设计及塑造一个既安全又富有挑战性的活动。若风险过高、安全性不足，会导致意外的发生。当“风险”和“安全”处于平衡状态时，就能塑造一个既安全又有挑战性的学习环境。而当学习者感到过分“安全”时，学习的效果则会相对较差。当活动的风险过高而安全性不足时，往往不但不能达到培训的效果，还会引致意外的发生。

“风险管理”是一套程序及活动指示，可以系统地减少潜在意外的发生，以及人和物件的损失。一套良好有效的风险管理方案，不单能保护学习者的身心安全，更重要的是可以创造良好的学习环境，使学习者成长，并可保障主办机构的财务安全，使课程或计划得以继续，促进历奇教育的健康发展。我们必须建立一套有效的风险管理系统来减少意外的发生。

历奇教育活动风险管理可分为四个步骤：

**1. 分析评估**

评估活动的风险可从意外的发生率和严重性两方面展开。在评估活动时，应确认潜在风险以及意外可能发生的位置，以便做出恰当的反应。如图 2.2 所示，横轴代表事故的严重性，纵轴代表事故的发生率。值得注意的是，事故发生率及严重性均无“零”这个值，因为在进行风险评估时，假设零风险的存在是十分危险的，因为很多看似安全的环境中却暗藏危机。

| 事故的发生率（高→低）＼事故的严重性（高→低） | 高 | 低 |
| --- | --- | --- |
| 高 | 高/高 | 低/高 |
| 低 | 高/低 | 低/低 |

**图 2.3　评估活动风险**

### 2. 处理方法

按发生率和严重性对活动进行分类后，组织者便能按自己的能力和可承受的风险而进行个别活动的取舍，包括：① 移除风险。由于活动中经常出现意外情况，人员伤亡或物品损毁，应移除风险的引发点，避免意外事件的发生。② 减少风险。了解学习者所需，因按学习者的能力作渐进式教学，按照活动安全程序执行。③ 转嫁风险。假如活动中发生意外状况，机构的财政需能自行承担发生意外后的赔偿，否则可提前购买活动保险，将“活动意外赔偿”的财务风险转移至保险公司。同时机构可以聘请专业带领者，降低自身承担的责任风险，继续举行活动。④ 保留。由于意外状况不会经常发生，而且人员伤亡和物品损毁状况轻微，预算得出损失金额是机构可承受的，并在财政预算之内，则可保留活动。

### 3. 订立程序

机构需要订立清晰的行政和执行程序，以便一线工作人员执行。订立程序一般包括学习者资料收集，以便配合活动执行和申报保险，还包括器材管理、带领者培训系统、意外应变程序，以及个别活动安全执行守则。

### 4. 持续监察

完善的机制没有得到正确落实执行，就会如同虚设。虽说安全管理人人有责，但若没有明确的监察者，往往会事倍功半。组织方应委任一位专职的人员，负责统筹及监察各项程序的执行，并且持续修正项目细节，以切合培训需要。

# 2.5 团体辅导

## 2.5.1 什么是团体？

约翰逊认为，团体是由两个或更多的人通过面对面互动形成的，每个人都应不仅意识到自己是团体学习者，自己是所属团体的一部分，而且意识到他们在努力达成共同目标的过程中需相互依赖。

团体中有一定的规范，使得学习者遵循一定的行为准则，保证团体目标和团体利益的实现。团体学习者之间的关系互动有着丰富的表现形式，如紧密型、松散型、支配型或民主型，这些都是团体内心理关系和情感关系的反映，对团体功能和团体目标的实现起直接或间接作用。

组成团体的学习者通常会为了某些共同的需要聚集在一起，因目标的相似或相同而形成团体。团体学习者借助语言或非语言的方式相互了解，表达个人观点，适时自我表露，与他人分享自己的经验和感受，包容他人的观点和行为，促进个人对自己和他人的觉察，寻求回应和共鸣，互相学习、支持和反馈，寻找乐趣并解决问题，从而满足被关注和被尊重的需要，满足安全和归属的需要，满足获取信息和知识的需要，甚至也能获得自我实现的良好感受。若可以实现以上条件，该团体则可被称为有效团队，如表2.11所示。

表2.11　有效团体

| 条件 | 内　　容 |
| --- | --- |
| 团体目标 | 清楚，合作构成 |
| 沟通方式 | 双向沟通，公开表达各人意见和情感 |
| 团体领导 | 学习者均等参与并且分享领导权，强调达成目标，内部和谐与发展性改变 |
| 影响力 | 能力与信息决定影响力，权力均等分享 |
| 学习者参与 | 针对情景做决策，方法灵活，鼓励参与 |

续表

| 条件 | 内　　容 |
| --- | --- |
| 冲突处理 | 将争议与冲突看作契机，促进团体健全运作 |
| 学习者互动 | 强调人际互动，关怀接纳，容许个性存在 |
| 问题解决 | 问题解决的适切性高 |
| 团体评价 | 学习者评鉴团体效能并决定如何促进团体功能，重视目标达成、内部和谐和团体发展等情况 |

若团体学习者彼此接纳、爱护、尊重和认可，则易产生团体归属感，提高自尊心。团体活动可以协助学习者观察他人在相同情境下如何应对，了解他人对自己的看法，从而对自己有更加清晰的认识。当学习者对自己和他人的了解加深后，对人际互动的预见性有所增强，从而提高了适应社会的能力。

## 2.5.2　团体辅导相关理论

### 1. 社会学习理论

在古典行为主义理论（即刺激—反应理论）的基础上，米勒和多拉德最早以社会刺激取代物体刺激，运用刺激回报和强化等概念来阐释人们的社会模仿行为，提出了社会学习理论的最初框架。

班杜拉进一步把人的主观能动性加入到行为形成的解释过程之中，彻底改造了行为主义。班杜拉的社会学习理论主要由两大部分组成：论证了社会学习形成基础和背景的三元交互决定论和学习理论。

其中，学习理论强调人的思想、情感和行为不仅受直接经验的影响，也受间接经验的影响，因此主张将依靠直接经验的学习和依靠间接经验的学习综合起来说明人类的学习行为。

班杜拉认为，行为的自我调节过程包括三个部分：自我观察、判断过程和自我反应。其中，对行为表现进行准确的自我观察是自我调节的首要条件。之后，个体要对观察到的内容做出判断。在做判断时可以使用个体原有的内在标准，也可以与他人的行为进行比较，也就是借助社会参照标准来对自己的表现给出评价。除了个人标准和参照标准之外，判断过程还取决于我们对某种活动赋予的总体价值。人类对自己行为的反应是积极的还是消极的，取决于它是否达到了自己设定的个人目标。如果个体达到了预期目标，就会体验到骄傲和自我满足。如果行为没有达到这些目标，个体就会进行批评或表示不满，并尝试修正自己的行为，直到达到自我规定的标准。

班杜拉等人进行了一系列社会学习方面的经典实验。研究发现，儿童以旁观者的身份，通过观察别人的行为表现以及得到的后果，如奖励或惩罚，也可以学习和积累经验。班杜拉认为，观察学习通常包括以下四步：① 注意过程，可确定一个人的观察方向和目标。在观察学习之初，个体必须首先注意榜样行为，并精确地将其的显著特征抽取出来。在此阶段，有很多因素会影响注意的效果，其中最重要的是关联性因素。注意过程一方面与要模仿的对象有关，如其行为的有效性、特点和价值，另一方面与观察者本人的特点有关，如感知能力、唤醒水平以及过去的经历。一般而言，与学习者经常有固定交往的人，他们的行为类别更容易被学习者反复观察和学习。观察学习的速度和程度，在很大程度上还取决于榜样行为的特质，如吸引力和复杂性等。此外，观察者加工信息的能力也决定了他们能学到的内容总量。② 保持过程，是观察学习的第二步。观察者如想在以后什么时候再现榜样行为，就必须把观察学习到的东西以符号形式编码和储存在长时记忆中，至少要保持到做出这种行为反应为止。③ 动作再现过程。在这一阶段，个体将符号表征转变成适当的行动。但是学习者能否通过行为展示出观察学习的内容，部分取决于他们是否已具备有关的技能。如果一个人没有相应的动作能力，即使他已经注意到榜样行为并适当保持了编码符号，也不可能再现这种行为。一般来说，学习者会按照榜样行为方式组织自己的反应，从而达到行为再现。④ 动机过程。个体虽然学到了榜样行为，但是他未必会去实施这一行为。如果要一个人表现出习得的行为，必须要有适当的诱因动机。对于动机的激发，班杜拉提出有三种强化方式：直接强化、间接强化和自我强化。也就是说，观察者在下列情况下更愿意采用他们模仿习得的行为：一是可以得到直接的奖励；二是见到其他人因为做出这种行为而得到了相应好处；三是自己内心认为是值得的。

**2. 精神分析治疗理论**

精神分析治疗理论是由奥地利精神病学家弗洛伊德创立的，主要探讨个人在发展过程中适应各种冲突的历程，从心理层面分析造成行为产生的原因。第一位将精神分析理论应用于团体咨询的是沃尔夫，他强调精神分析不应用于辅导整个团体，而将着眼点放在每一个学习者上。精神分析团体强调在团体中重现个体的早期家庭环境，通过自由联想、释梦、追溯等技术，通过处理移情、反移情、阻抗、自我防御等，帮助学习者解决积压于内心的问题。

团体就像一个家庭，由不同的学习者构成，每个学习者对其他学习者和带领者的反应反映了他们早期家庭的动力关系，每一个学习者都将在团体中重新体验他们最初在家庭中体验到的冲突。从这个意义上说,精神分析团体咨询和辅导的过程可以被表述为:为学习者提供一种重新体验早期家庭关系的气氛,在团体中重现个体的早期家庭环境,重构个人的家庭动力关系,以帮助学习者解决积压在内心里的问题。在精神分析中,学习者思考和回顾过去的经历很重要,但也要知道如果迷失在没完没了且不着边际的回顾上,那也是无益的。

潜意识对精神分析治疗团体来说是很重要的。按照精神分析的观点,如果团体忽视了对潜意识的分析,而只限于关注参与者们此时此刻意识层面的相互作用,这个团体就会更像是参加聚会的群体而不是辅导团体。虽然团体咨询并不需要对个体行为和个性特点进行详尽的潜意识分析,但团体带领者应该对此有所了解。这样,即便有的时候学习者行为并不直接涉及潜意识,也有助于带领者洞察和把握团体内的互动情况。

精神分析治疗理论认为,焦虑是促使我们做某些事的紧张状态。焦虑是由情感、记忆、欲求的压抑,意识层面经历的幻灭而造成的担忧以及对未来的恐惧。它是由客观环境或内心的某些因素引发的,源于潜意识中对打破压抑的恐惧。在团体历程中,当学习者袒露自己的防卫心理时,他们会感受到焦虑。这种焦虑被看做是承担风险的一种必要的副产品,一种最终能引发建设性改变的情绪。

团体治疗过程中,自由联想是鼓励学习者在更加自然的状态下揭示被压抑的想法或潜意识的过程,以提升对自己心理的洞察程度。团体学习者常常被要求报告自身的经验,团体讨论保持充分开放的气氛,允许其他学习者提出任何问题,每个人都能成为一定意义上的带领者。这种方法还可以增强团体的凝聚力,吸引学习者更加主动地参与到团体活动中来。

**3. 以人为中心的疗法**

以人为中心的团体是一种将重点放在人际交往上,允许个体找出更多自己的东西以及与人联系的方式,并提供一种可能促进个人成长的方式的强化团体。团体目的是促进个人的成长,包括了解自我、增强自信、寻求有意义的人际关系等。在这种彼此接纳的环境中,每个人都可以明显地看出对方在对了解自己的观念和自己的感受上做出的努力,而这些认识上的变化都可以用于个体衡量自己或改变、完善自己。

在辅导中,学习者会体验到尊重、信任,处于一种真诚透明的人际关系中,每一个学习者被允许做他自己,可以不受防御机制的阻碍大胆地表达自己最真实的情感。团体带领者与参加者应积极地鼓励其他人表达自己的真实情感,表露出那些平时未表露出的态度,使每一个学习者都被其他人真实地看待,并从其他学习者的反应中得到关于自己的正面或负面的反馈，以便真正地认识自我。在团体的发展中，每个学习者都能享受到其他人对自己的关心和尊重，并从他人的评论中得到对自己的客观认识，从而促进学习者更好地接纳自己，改变自己不适当的行为，学会建立令人满意的人际关系。

以人为中心的团体辅导强调带领者的人格特质、信念和态度，重视带领者与学习者之间的关系。在罗杰斯看来，带领者本人就是辅导成功的最重要工具。带领者是学习者自我探索过程中的陪伴者，应侧重鼓励学习者对自身思想与行为之间的不协调以及内部情感与主观体验之间的偏好进行探索，尽可能少地提供结构式与预先设定好的计划和指导。带领者的价值观、生活方式、生活经历和基本的生活哲学所起的作用通常比技术、策略或训练的作用大得多。以人为中心的团体强调带领者应具备某些态度和技能，如积极而敏感的倾听、接纳、理解、尊重、反映、澄清、概述、表达个人体验、反应、会心、遵照而非主导团体的节奏、确信学习者自我决定的能力等。以人为中心的团体辅导中，带领者应注重表达自己的感受和看法，也鼓励每一个学习者表达自己的感受和看法。

**4. 理性情绪行为疗法**

美国心理学家埃利斯在20世纪中期提出了理性情绪疗法，后来将之更改为理性情绪行为疗法。埃利斯认为理性情绪行为辅导团体的理想在于发展出心理与情绪健康的特质，这些特质包括自我兴趣、社会兴趣、自我教导、容忍、接纳暧昧和不确定、有弹性、科学式思考、履行自我承诺、冒险、自我接纳、广泛的快乐主义、愿意接受不完美、为自己的情绪困扰负责等。

理性情绪行为疗法的两大主要目标是学会无条件自我接纳和无条件接纳他人，进而体会两者之间的关联。运用理性情绪行为疗法进行团体辅导，旨在通过一些方法帮助团体学习者减少和消除不健康的情绪，使他们的生活更加丰富、快乐，让团体学习者明白他们要对自己的情绪负责，容忍、接纳不明确和不确定性，自我接纳并接纳别人。协助学习者消除非理性与自我挫败的观念，并以更理性的观念取而代之，从而改善学习者个人不稳定的情绪和行为，学会更为现实和合理的生活哲学。

埃利斯认为，人生来就具备理性思维和非理性思维。当人们按照理性去思维、行动时，他们就会是愉快的、富有竞争精神及行为有成效的人。情绪是伴随着人的思维产生的，大多数人都有一种制造和产生情绪困扰的能力，当不幸的事情发生时，人们倾向于用绝对和教条的不合理、非理性的思维方式去面对这些事件。其实这些情绪和行为的困扰大多来自于自己，源于人的不合理认知，是生理因素和环境因素共同作用的结果。当人在自我困扰时能意识到自己的情绪对自己的负面影响，且觉察到自己的不合理认知时，他们就可以将认知、情绪和行为方法结合起来改善自己的状况。埃利斯还认为，人们被他们周围的人和事影响着，人们也有意识地影响着周围的人。埃利斯相信，人具有了解自己的限制的能力，会对自己的价值系统作出评价，所以有能力改变旧的观念和价值，以新的观念、意见和价值代替原有的，进而导致新行为的出现。

ABC理论是指在特定情境下，情绪和行为反应的后果C(consequences)是由人们对诱发性事件A(activating events)持有的信念、看法和解释B(beliefs)引起的，而诱发性事件A只是C产生的间接原因。埃利斯认为，人有能力改变自己的认知、情绪和行为。只要不过多痴迷于事件A，客观地承认后果C，改变自己的信念B，即不合理的信念，就可以实现自我转变的目标。团体辅导的着眼点就是，帮助学习者通过对不合理信念进行反思，确立合理的信念，消除负面情绪，产生新的信念。

非理性信念是指导致情绪和行为问题的不合理认知。埃利斯在1962年根据他个人的临床经验，总结出引发各种各样神经症症状的11种非理性信念。这些非理性的信念主要表现为对自己、对他人、对自己周围的环境及事物的绝对化要求和信念。韦斯勒将这些非理性信念总结出三个特征：绝对化的要求、过分概括化和糟糕至极。埃利斯认为，人有能力改变自己的认知、行为和情绪，方法是辩论，团体带领者要帮助学习者主动而有力地与那些非理性信念辩论直至战胜它们。这一过程包括对非理性信念的察觉，认识它们不合逻辑和不符合现实的地方；与非理性信念辩论，认识到它们没有任何证据支持；区别对待理性信念和非理性信念。

埃利斯指出，人们普遍存在一些强制性的非理性信念，包括自己绝对要做得很好并且受到他人赞扬，因此导致自我挫败；自己应该且必须受到亲近的人的体谅和公平对待；这个世界理应且必须为自己提供最好的情况，迅速而且轻易地给予任何想要的东西，而且避免给予你自己看来非常可憎的事情和情境，这些不合理的信念会带来大量情绪的困扰。每个人都需要为自己的情绪困扰负责，并找到引发负面情绪背后的非理性信念。团体学习者可彼此提醒，共同致力于正向改变。

**5. 行为治疗理论**

行为治疗理论是行为主义心理学理论在心理咨询和辅导领域中的应用，形成于20世纪50年代至60年代初期，也称行为矫正。行为治疗理论建立在行为实验研究的基础上，指的是运用以各种学习理论为基础的技术和程序进行心理辅导的方法，是众多行为主义取向心理学家共同努力创造出来的结晶。

一般而言，行为治疗的目标是消除学习者非适应性的特殊行为，帮助他们学习建设性的行为。团体行为治疗的目标是协助学习者消除非适应性不良行为，并学习有效的行为模式。团体咨询与教育过程相类似，通过带领者的教与学习者的学，个体不断学习新的思维方式，尝试获得更多有效的行为、认知、情感的体验。

行为治疗支持环境决定论的观点，强调人是环境的产物，改变环境可以改变学习者的行为。其基本假设是：① 非适应性行为是习得的，即个体通过学习获得非适应性行为。但并不是所有的行为变化都是学习引起的。② 个体通过学习消除那些习得的不良或非适应行为，也可以通过学习获得缺少的适应性行为。该理论认为，行为是学习的结果。任何行为都由刺激引起，行为就是对刺激的反应，反应的模式是学习的结果。该理论只针对学习者当前面临的问题进行探索，并以特殊行为为辅导目标，针对每一个学习者的问题和本人的相关情况，采用适当的行为辅导技术改变其不适应性行为。

行为治疗不同于其他疗法的独特之处在于它有系统性的操作规范和测量程序，带领者要严格遵循规范和程序，同时还要不断对结果进行评估，测量与辅导同时进行。科里将团体行为治疗分为四个阶段：实施行为评价、确定治疗目标、为特定对象选择特定的治疗程序、对治疗效果进行客观评价。① 行为评价。为每个学习者提供量身定做的辅导计划和辅导效果测评。② 明确的治疗目标。清晰的目标是整个活动的方向。带领者的任务是帮助学习者将那些宽泛的、一般性的目标细化为特定的、具体的、可供测量的、能够以有规律的方式实现的目标。③ 辅导计划。学习者明确了目标之后，可以建立一个实现这些目标的辅导方案。在开始阶段，这些计划由团体带领者来为学习者制订。最后则由学习者本人决定是否采取这些行动和策略。④ 客观评价。团体行为治疗的核心就是为学习者提供持续性的反馈评价。一旦要解决的问题行为、治疗目标、治疗方法被确定，就可以对治疗的效果进行客观评价。每一次团体聚会都要评价一次行为变化，以便学习者能确定他们的目标达到什么程度。

在团体建立的初期，重点是建立团体凝聚力，鉴别需矫正的问题行为；团体工作阶段需要按照学习者的问题，分别使用不同的治疗策略和技术。在工作阶段经常使用的策略包括强化、系统脱敏法、肯定性训练、厌恶辅导、指导性训练、行为演练、示范、家庭作业、反馈、认知重构、互助系统以及各种挑战和改变认知的方法；团体结束阶段，带领者把重点放在帮助学习者将团体内改变的行为转化到现实生活中。

行为主义取向的团体强调训练学习者自我管理技能，协助人们发展自我指导的新行为模式并在日常情境下进行迁移。基本假设是所有问题行为、认知、情绪都是学习的结果，借由新的学习过程得到矫正。团体领导者是担负教育功能的，在团体中扮演着主动的、指导性的角色。团体学习者在团体中转变观念，尝试改变行为、认知和情绪的方法。另一个假设是团体学习者表现出的行为就是问题，而不仅仅是问题的症状。问题行为的成功解决等同于问题的解决，行为改变可以先于认知改变而发生，行为的改变可以很好地引导学习者更深入地进行自我理解。行为主义取向的团体为学习者练习有效行为并合理迁移应用提供了中间步骤，也提供了控制团体行为的规范，如按时出席、愿意分享、对自己的问题进行讨论、接受他人的鼓励和支持，坚持促成认知或行为改变的计划等。行为主义取向的团体包括社会技能训练团体、肯定性训练团体、压力管理训练团体、自我管理性团体、多冲模式团体等。常用的技术与方法包括集体系统脱敏、集体放松训练、示范疗法、角色扮演、社交技能训练等。

**6. 格式塔疗法**

格式塔疗法是由德裔精神病学家珀尔斯及其妻子劳拉创立的。其基本假设是学习者可以直接解决他们的问题，人必须自己找寻生活道路，并承担个人责任。强调学习者此时此地的体验和能力，学习者可以重演过去的经验，也可以预演未来情景。格式塔的基本出发点是为学习者提供一种氛围，使他们能够提高对自身体验和所作所为的自我意识水平。

格式塔团体重视学习者的自我体验，是非指导性的。格式塔团体注重邀请，而不是命令学习者去体验；注重挑战和正向面质，而不是严厉或批判性地要求学习者必须与原来的自我有所不同；正向面质是一种真诚关心的表现，旨在促进积极的改变，而不是攻击没有防卫能力的学习者。格式塔团体中协助团体学习者在当下活动中体验冲突，而不仅仅是谈论冲突、问题或情感。格式塔团体强调关注语言模式与人格的关系，通过观察自身的言语习惯模式，可以增强学习者的自我觉察能力。语言可以使人们接近自我，可能远离自我，比如，将语言表达中的第三人称换成第一人称“我”，促使学习者为自己所说的内容承担责任。而第二人称开头的句子往往使他人产生防卫态度，隔离了自己和自己的感受等。将“我不能”替换为“我不愿”，以协助学习者接受自己的能力并为自己的选择承担相应责任。将“我应该”“我必须”改为“我选择”，除此之外，格式塔流派常用的技术还有非语言表达技术、承担责任技术、对话实验、轮流交谈、想象法、预演技术、翻转技术、夸张实验及梦工作等多种行动导向技术。

格式塔团体带领者既不向学习者做出解释，也不告诉他们为什么要这么做，而是由团体学习者自己解释自己的行为，说明并探究自我体验的意义所在。

带领者鼓励学习者担负起提高意识的责任,同时在帮助学习者利用各种资源方面也需要扮演积极的角色。带领者积极地参与学习者的互动,经常对学习者进行自我表露,并通过这种方式和学习者建立良好的关系,在团体中建立一种亲密感。

**7. 存在主义疗法**

存在主义疗法注重对个体主观世界的探索。对人类的普遍关注和以存在为主题构成了存在主义团体的特点。存在疗法的团体是学习者生活和活动的缩影。学习者通过在团体中共同探讨自己的存在性问题可以发现生活的目标,从而使得学习者更加真诚地对待自己,扩大学习者认识自我和世界的视野,赋予现在和未来生活的意义。存在主义团体围绕探索"我是谁"这个主题聚在一起。强调根植于人类存在的四个基本问题:自由、孤独、死亡和无意义感。基本假设是每个人都是自由的,需要对自己的选择和行为承担责任,人是自己生活的创造者,而不是环境的牺牲品。存在主义团体的核心是激励学习者经由自我表露现实问题、探索各种替代性方法,并从中做出选择,制订计划,进行深刻的自我探索之旅。存在疗法认为,带领者和学习者是一种伙伴关系,共同承担辅导风险。存在疗法团体带领者的主要角色是促进团体学习者之间有意义关系的形成,为学习者提供一个可以充分讨论存在概念的氛围,鼓励他们重新审视自己的生活,关注现状,使他们共同致力于潜能的发挥和不合理行为的矫正,共同开启通向自我的心灵之门。带领者的任务就是建立一种辅导性同盟,这种同盟关系本身就会促进改变的发生。

### 2.5.3 团体辅导场地与道具

团体辅导受场地具体活动项目影响较大,一些静态的情绪放松类活动,以及受天气、环境、声音等影响大的活动,最好安排在条件适宜的室内进行。例如,活动场地是带领者并不熟悉的地方,需要提前前往了解场地情况,尤其是对安全性要求高的活动,更要提前检查安全设施。

另外,室内场地的回声状况如何、有无持续的噪声干扰、是否安排音响设备等都需要考虑。特别是活动参加人数较多的时候,宽松友好的气氛加上体验式的活动内容和鼓励分享的原则可能使得现场人声鼎沸,不利于团体带领者对整个团体动力进行观察和对团体活动进行把握,团体学习者也可能因为听不清带领者的话而不知所措或注意力分散,影响团体辅导的效果。场地的布置也是带领者需要考虑的事项,让团体学习者在走进活动现场的同时就融入预设的氛围情景中,这对带领者引导团队达成既定目标也可起到推动作用。

一般而言,宽敞、清洁、空气流通、气温适当的场地合乎基本的团体活动需求,如以有隔音设计且没有固定桌椅为宜。团体学习者可以在有坐垫的地板或地毯上围坐,或用可活动的椅子围圈而坐。在足够的活动空间里,学习者可以在符合团体活动要求的前提下自如行动。

在团体辅导中,道具可以分为奖励性道具和活动使用道具。奖励性道具是参与者通过竞赛性游戏之后应给予的奖励,其作用是调动团体学习者参与的积极性或强化积极正向的行为。虽然不一定是具体的物品,但带领者需要把握机会,给予奖励,在宽松积极的环境中能引导参与者更多地进行挑战和尝试,在游戏过程中产生积极体验。同时带领者要依据公平、公正和公开的原则,考虑好要对参与者的什么行为给予奖励,在竞赛性游戏中,可以奖励团队或个人的出色表现,也可以奖励同理关怀的态度。在团体辅导的实施过程中,可以对团队的互相合作、个人的规则遵守给予奖励。不论带领者采取何种奖励原则,必须在团体活动的开场阶段和每一次活动进行前的规则介绍中予以说明,并且在活动过程中和结束时公平地做出判断,公正地宣布结果并且公开进行奖励,这样才能引导参与者产生积极的行为,优化团体辅导效果。活动使用道具的种类很多,如绳圈、呼啦圈、秒表、齐眉棍、气球、眼罩、纸张、彩笔、各种色彩的布、硬纸板等。当然,不是所有的团体活动都需要道具,而且不同的团体活动根据不同的团体目标,使用的道具也可能不同。

### 2.5.4 团体带领者的准备

团体带领者的身心状态对团体心理辅导与训练的开展有着直接的影响。团体辅导与训练是在健康、信任、接纳、包容的气氛下开展的,带领者组织团体学习者形成团体契约,积极参与每一阶段的活动,调动学习者的注意力,引导学习者表达观点、展示才能,在与学习者互动的过程中穿针引线。与此同时,辅导者还要注意学习者在团体活动时人身安全,适时提醒安全注意事项等。这就要求带领者注意力高度集中、投入,对带领者的身心状态和综合能力要求较高。

带领者在带领团体之前可以对自己的身心状况进行评估,包括是否具备带领活动的体能状态,是否存在影响带团的情绪问题。带领者在身心状况不佳的情况下带团,不仅无法使学习者获得帮助,同时也会使其本人产生负面情绪。

团体辅导者要具备一定的团体心理辅导的专业知识,特别是要熟悉所带领活动的内容。如果毫无团体带领经验或者团体体验经验,也不熟悉各个环节的安排和要领，带领者在现场表现慌乱会导致团体活动过程的混乱或中断，从而影响团体活动的效果。因此，如果是初次带领团体活动的辅导者，最好在自己尝试带领活动之前先参加别的领导者组织的活动，体验参与者的感受并熟悉活动流程。带领自己体验过的游戏，一方面能增加对参与者角色的了解，另一方面能避免临场的紧张情绪。即使是有多次带团经验的带领者，也需要事先温习准备带领的团体活动的内容，以便使整个团体活动进展流畅。如果所带团体规模较大，可以由两人一起带领，或者以一人为主，邀请一名或一名以上的助理协助带团。这样，带领者之间互相配合，能更好地兼顾较大团体中每个学习者的反应和需求。但是，带领者之间对于活动的设计及团队的目标必须在团体活动开始前进行充分沟通，尤其是团队形成初期，带领者更多地担当指导者角色时，带领者之间对于活动目标或规则的不一致表达，或者带领者的态度情绪有明显不同，都会使团体学习者无所适从。带领者之间只有尽可能地默契配合，才能在活动带领中起到取长补短相互推动的效果。

团体辅导顺利有效地开展和进行，离不开一名称职的、优秀的团体带领者。团体带领者是团体的核心人物，指导着团体发展的方向，把握着团体发展的动力，更是团体辅导成败的关键要素。团体带领者是在团体运作过程中负责带领和指引团体走向的人，是对别人和团体具有影响力的人。所以，团体带领者的素质、能力、风格、经验、培训、态度等都成为团体辅导重要的影响因素。

团体准备阶段和初始阶段，带领者的主要任务有所不同，如表2.12所示。

**表2.12 团体带领者的主要任务**

| 阶段 | 任务 |
| --- | --- |
| 准备阶段，是形成团体的过程 | 在团体形成之前，确定团体的总体目标 |
| | 明确团体是开放式还是封闭式，是同质性还是非同质性，是短期团体还是长期团体，团体规模人数是多少，团体聚会的场所、频率、持续时间是怎样的，团体活动的结果和形式如何，等等 |
| | 设计一个明确的书面计划，以构建一个团体 |
| | 进行团体辅导的宣传和学习者招募 |
| | 对团体学习者进行甄别和筛选，并确定团体学习者。此时带领者要考虑哪些学习者是能够从辅导中获益的，而哪些学习者可能是对团体不利的或不适合团体辅导的，这可能会影响到后期团体的发展 |
| | 为指导工作做好充分的心理准备和物资准备，并与合作带领者沟通交流 |

续表

| 阶段 | 任　　务 |
| --- | --- |
|  | 获得团体学习者的知情同意,告知团体活动可能遇到的情况 |
| 初始阶段,是定向和探索的时期,需要确定团体的结构,学习者彼此陌生,需要相互熟悉,需要了解学习者的期望,建立和维护团体信任感 | 告知团体学习者一些积极参与的一般指导原则和方法,帮助学习者积极参与到团体活动中 |
|  | 制订一些基本规则和规范 |
|  | 教授学习者有关团体辅导的基本原理 |
|  | 协助学习者表达他们的恐惧、期望,努力促进信任感的建立 |
|  | 对团体学习者坦诚相待,对他们从心理上给予及时回应和关照 |
|  | 澄清责任分工 |
|  | 协助学习者建立个人的具体目标 |
|  | 帮助学习者表达他们的想法和感受,开诚布公地处理团体学习者的担忧和问题 |
|  | 评价团体的需要,促使这些需要得到满足 |

### 2.5.5 团体活动设计

团体活动项目安排一般为热身活动、主题活动和告别活动组合。热身活动为团体开场打破僵局,促使学习者进入团体,增加团体凝聚力,使学习者彼此互动为主要活动做准备。热身活动切忌过多过长,一般15～20分钟为宜。热身不足,团体活动难以有效启动;热身过度则会本末倒置,影响团体正常进行。主题活动是根据团体目标而专门设计的活动。常用的活动类型有绘画、深入讨论、角色扮演等。一般在团体结束前5～10分钟,带领者进行总结,通过让学习者分享心得与巩固所学,预告下次团体的主题,布置家庭作业让学习者去实践。

团体计划书的内容可以包括以下项目:① 团体的名称、性质。② 团体的目标,即团体要达到怎样的目标行为或效果。理论基础,依据哪种理论或观点达成目标。③ 探讨的主题与内容,团体活动包括哪些课题及内容。④ 主要对象,此团体为谁设计?学习者的条件是什么?遴选方法有哪些?⑤ 团体结构,结构式或非结构式,开放式或封闭式,志愿性或非志愿性等。⑥ 带领者,其资历与经验如何?⑦ 场所,地点所在及所需设备。⑧ 效果评估,评估方法及工具。⑨ 费用,是否收费?费用多少?

团体辅导的顺利开展基于团体带领者和学习者之间的互相尊重与配合。

为保证团体正常发挥功能，双方都需要遵守一定的规则。规则的制订可以采取开放的方式，邀请学习者共同讨论团体规范，并在团体过程中不断引导示范。保密、守时、不可人身攻击等规则也需要强调说明。

团体契约包括对带领者的约束和对学习者的要求。对团体带领者的要求是：作为团体带领者，我负责准备每次团体聚会；每次团体聚会准时开始、准时结束；提供每次团体聚会所需活动、器材等；只与相关同事或督导讨论团体聚会内容；独立评估每次聚会是否符合学习者目的，满足学习者需求；提供相关资源以协助学习者达成其目标。除了规范的内容之外，还需要带领者和学习者各自签名并写上日期。对团体学习者的要求包括：作为团体学习者，我负责参加每次团体聚会；遵守不迟到早退的规定；团体中发生的事情绝对不在团体外讨论；完成团体内布置的任务或要求；每次聚会时完全投入所有活动。

为了使团体学习者更好地在团体中受益，强调一些原则可以鼓励学习者积极参与团体活动，包括：注意自己的感受，主动参与和积极表达自己，团体学习者可以讨论任何与团体目标及个人有关的主题，但自己有权利决定自我开放的程度，必要时也可以插入别人的谈话；倾听和关心别人，也尽可能给予别人适当的反馈，但避免忠告、建议和讥讽；可以合理、肯定而不具有攻击性地表达情绪，包括正面、反面的情绪；经常反思团体的过程是否能够增进学习，团体的行为是否有助于完成团体的目标；带领团体不只是带领者个人的责任，团体的每一位学习者都可以具有带领的功能。

### 2.5.6 团体辅导中的过程技术

过程技术是维持和发展团体并有效促进学习者改变的技术。

**1. 引导参与技术**

团体带领者能依照学习者的个人需要去引导他们，提供充足的背景资料，刺激学习者开展思考、沟通，以确定解决问题的行动。团体带领者必须鼓励并协助学习者讨论和决定团体事务，鼓励并提供学习者民主参与的机会，不使过于活跃的人剥夺他人参与的机会，也不使拘谨的人袖手旁观，失去参与活动的机会。引导参与技术还包括以事实为中心，避免无谓的纷争，增进团体的向心力。团体进行过程中当带领者发现以下现象时，应尽快介入，加以引导。① 团体中某个学习者试图替别人表达想法。② 学习者注意力集中在团体之外的人或事。③ 有人在说话前后寻求他人的认同。④ 有人表示，我不想伤害他的感觉，所以我不说了。⑤ 学习者中有人认为自己的问题是由团体中的某人引起的。⑥ 个别学习者认为，我一直都是那样。⑦ 有人认为，我只要等待，事情就会转变。⑧ 团体中有不一致的行为出现。⑨ 团体活动变成无效率的漫谈。

若团体中学习者有不同意见或个体差异大时，可让他们分为内外圈，以增进了解并探讨彼此的差异。例如，将较沉默的与较活跃的分为内外圈，或请赞同或否定某种意见的分为内外圈，彼此谈论，倾听个人感受与想法，最后进行归纳整理。

**2. 行为训练技术**

行为训练是以学习理论为指导，通过特定程序学习并强化适应的行为，纠正并消除不适应行为的方法。团体辅导中行为训练是通过带领者的示范、学习者之间的人际互动实现的。行为训练不仅适用于存在心理适应问题的人，也适用于心理健康的人。在学校教育中，行为训练是一种有效促进学生成长的方法。在团体中开展行为训练要遵循一些基本原则，包括由易到难、提供示范和及时强化等。

**3. 结束技术**

结束技术包括聚会结束的技术和团体整个历程结束的技术。怎样使团体愉快地结束，需要运用一些技术。一般有四种方式：第一是结束之前，学习者互赠小礼物，彼此道别祝福；第二是带领者在结束时对团体辅导做简要回顾和总结；第三是团体学习者审视自己在团体中扮演的角色、是否达到期望、自己的收获和感受；第四是展望未来，明确今后应该怎么做，巩固团体辅导的效果。在团体活动即将结束时，带领者最好提前一两次预告团体活动学习者，让学习者提早做好心理准备，尽快处理想解决但未完成的问题，也可先讨论分离的情绪，整理所得、制订或修改行动计划。若是自发性强的团体，可以让团体成员共同决定最适当的结束方式。团体结束后的追踪聚会、问卷或访谈等评估工作也是必要的，用于了解团体学习者是否可以将在团体中的所学应用在生活领域中。

# 2.6 自我探索

我是谁?

我是否有价值?

我为什么要学习?

我努力奋斗为的是什么?

生命的意义是什么?

对于每个人来说,这些疑问可能都曾在生命的不同时刻出现过。这些思考也是千百年来哲学家、思想家们尝试寻求答案的问题,而这些问题涉及所有人类,并且都是关于“自我”的问题。

## 2.6.1 自我概念的涵义

自我代表着个体如何对待自己、他人和世界的独特方式。粗放一点说,自我是每个人心理活动的核心,每时每刻都在影响着人们的行为方式。因此,了解自我、关爱自我、乐于调整自我、善于规划自我、勇于挑战自我的人,才能有坚实的心理基础以成就美好的人生。

西方心理学领域里有两个不同的概念都属于我们常说的自我。詹姆斯提出了自我(self)这一概念来指个人的自我意识。西方绝大多数心理学家关于自我的讨论,都是在这一概念基础上进行的。

詹姆斯认为,自我由主观和客观两个方面构成。主观的“我”(I),即对自己身心活动的觉察者;客观的“我”(me),即被觉察到的我。有研究者认为,主观的自我是“以纯主观的形式,连续不断地组织和解释经验、人、物和事件”。平时人们经常说“我是一个勤奋的学习者”“我的同学们喜欢和我交朋友”“我将来要成为一名医生”“我体质不太好,经常生病”,等等,这些都是主观的“我”对身心活动的觉察。

米德也采纳了这种划分,认为主体我(主观的我)代表每个人的自然特性,而客体我(客观的我)接收着主体我的命令与态度,使自我符合社会的要求;主体我可随时随地根据社会规则实现对客体我的调节。

罗杰斯认为,自我概念是个人自我知觉的组织系统和看待自身的方式。他认为,对于一个人个性与行为具有重要意义的是他的自我概念,而不是其真实的自我;自我概念不仅控制并综合着个人对于环境知觉的体验,而且高度决定着个人对于环境的行为反应。这样,罗杰斯就将詹姆斯和米德的主体我(I)和客体我(me)的概念统整到了一起,使自我概念的内涵同时兼具对象与作用两个方面。

班杜拉指出自我效能是对自己在特定情景下是否有能力操作行为的预期,并进一步把预期分为结果预期和效能预期。它还影响着人们的思维模式和情感的反应模式,以及人际交往和人格的建构。

另一个同样被译作自我的概念是ego,它是弗洛伊德精神分析理论的核心概念之一,指人的个性是从本我(id)分化出来,指导个人适应现实社会生活,使个人行为超越简单快乐原则而遵循现实原则的个性部分。

在弗洛伊德的概念体系中,自我(ego)不只有觉察个人自我需要的作用,而且还具有意识环境要求,协调本我与超我关系的功能。不仅如此,自我(ego)还直接与无意识的心理活动相联系。当自我(ego)不能同时协调本我与超我的相互冲突的要求时,它会发展各种自我防御机制来解除压力,使机体免遭损害。根据弗洛伊德的理论,自我防御机制是同无意识心理活动相联系的心理功能,自我功能的发挥,更多情况下也是无意识的。

埃里克森认为青年期的发展课题是自我同一性的确立。他特别强调"同一性"在自我结构中的作用。在学习者从上学到逐渐长大的过程中,他们开始形成同一性,即对我是谁、我存在的意义是什么、我要完成什么样的使命的界定。包括非正式的圈子、有组织的俱乐部和团队、以及邻居和社区在内的社会经验都有助于学习者形成同一感。他提出了心理社会性发展阶段理论,并详细论述了每个阶段特定的发展课题。

不同学者、不同理论对自我的概念界定并不完全一致。也有学者尝试着做了整合性的概念定义:自我,是人对自己以及自己与周围环境关系的认识,包括对自己存在的认识,以及对个体身体、心理、社会特征等方面的认识。这种认识是个体通过自我观察、分析外部活动及情境、社会比较等多种途径获得的,自我概念不是个别的心理机能,而是一个完整的多维度、多层次的心理系统。

### 2.6.2 自我概念的结构

自我是一个多因素、多层次的整体结构，因此，自我概念的形式和内容也是多种多样的。

**1. 从结构上看，自我概念表现为自我认知、自我体验和自我调控三个方面**

(1) 自我认知

自我认知是对自己身心特征的认识，如“我是一个什么样的人”“我为什么是这样的人”等，它包括自我感觉、自我观察、自我印象、自我分析等。在自我认知层面上还包含现实自我与理想自我的冲突。比如，青年的理想自我一般都较完美且高于现实自我，在实际学习生活中容易对现实自我感到不满，从而表现出自卑，甚至自暴自弃。一个人正确认知并评价自己是一个复杂的过程，除了认知因素外，动机、需要、期望等心理因素也参与其中。如果一个人只看到自己的缺点，长期徘徊在失败的阴影中，很容易失去自信心，从而导致自卑心理的产生。相反，如果一个人一直以自我为中心、盲目乐观、刚愎自用，则会阻碍良好人际关系的形成，容易在社会交往中受挫。

(2) 自我体验

自我体验属于情绪范畴，它以情绪体验的形式表现出人对自己的态度，如“我很喜欢自己”“我满意自己”“我讨厌自己”等。在心理学研究中，自尊、自信、自负、自我满足、自我欣赏、自我贬低等都是深受关注的典型的自我体验。自尊是自我体验最主要的一个方面，是指尊重自己的人格和荣誉，维护自我尊严的情感体验。在传统的教育中，对自我体验的重视与强化尚有不足。有时，同样的事件发生后，自我的体验和他人的体验可能会截然不同。

(3) 自我调控

自我调控主要表现为人的意志行为，它监督、调节人的行为活动，调节、控制自己对自己的态度和对他人的态度，自我控制包括两个方面：一是激发作用，即自己命令或激励自己从事某些活动；二是抑制作用，即审时度势地控制自己的言行。例如，“我怎样节制自己”“我如何改变自己”“我如何成为理想的那种人”。心理学研究表明：自我调控与大脑额叶的发展紧密相关。当我们生理状况正常时，自我认知与自我体验决定了自我调控，人都能通过主观能动性，选择认识角度，转变认知观念，调整自我认知评价体系，感受积极的自我。有的人自控能力很差，晚上该睡觉的时候想再上网看看新闻，本打算只看半个小时，但东瞧瞧西瞅瞅，转眼就凌晨两点了，从而导致睡眠不足，影响第二天的工作学习。

此外,有力地自我控制能力对个体良好人际关系的形成和维系、情绪反应、问题解决等均有重要作用。从认知到调控并非一蹴而就的过程,“知”与“行”之间常有距离。有较高自我调控能力的人更容易获得成功。但并非所有的自我调控都是积极的,有的人对自己的要求非常高,自我控制能力强,而在实际中因为主观或客观原因没有能够达到目标时,容易对自我产生怀疑与否定。

**2. 从内容上来看,自我概念又可分为生理自我、社会自我与心理自我**

(1) 生理自我

生理自我是个体对自己的身体、健康状况、外貌、性别等方面的感觉。积极的生理自我包括认为自己身体健康、对自己的外貌满意、少感到自己不舒服、喜欢保持整洁大方、会照顾自己的身体等。

生理自我可以说是自我概念的最初形态,是一个人在与他人交往的过程中通过学习逐渐形成的。通过生理自我,我们可以把“自我”和“非我”区别开来,意识到自己的生存是依托于躯体的。生理自我与生俱来,无法被轻易改变。

(2) 社会自我

社会自我,个体与他人交往中的价值感及胜任感。积极的社会自我包括待人亲切友善,受到别人欢迎,对自己的社会能力感到满意,对自己待人方式感到满意,和陌生人说话不会觉得困难,尽量去了解别人对事物的看法,和别人相处得很好。如果一个人认为周围的人不喜欢自己、不接纳自己,找不到知心朋友,就会感到很孤独、寂寞。

(3) 心理自我

心理自我,即个体对其个人价值及能力等的评价。积极的心理自我包括感觉自我有出息,经常心情愉快,心情平静、不忧不愁,对现在的情形感到满意,在任何情况下都能照顾自己,敢于面对难题,对待问题时首先经过深思熟虑,遭遇困难时都能轻而易举解决。如果一个人对自己的心理自我评价低,嫌自己能力差、智商不高、情绪起伏太大、自制力差,就会否定自己。

生理自我、社会自我与心理自我是密切联系、相互影响的,它们都包含着不同的自我认知、自我体验与自我控制,但由于比例和搭配的不同,构成了个体对个体自我意识之间的差异。也使得每个人都有自己的对人、对己、对社会的独特看法和体验。自我概念从结构和内容的整合结果如表2.13所示。

表 2.13　自我概念结构和内容的整合结果

| | 自我认知 | 自我体验 | 自我调控 |
|---|---|---|---|
| 生理自我 | 对自己身体、外貌、衣着、风度、家属、所有物等的认识 | 英俊、漂亮、有吸引力、迷人、自我悦纳 | 追求身体的外表、物质欲望的满足,维持家庭的利益等 |
| 社会自我 | 对自己的名望、地位、角色、性别、义务、责任、力量的认识 | 自尊、自信、自爱、自豪、自卑、自怜、自恋 | 追求名誉地位,与他人竞争,争取得到他人的好感等 |
| 心理自我 | 对自己的智力、性格、气质、兴趣、能力、记忆、思维等特点的认识 | 有能力、聪明、优雅、敏感、迟钝、感情丰富、细腻 | 追求信仰,注意行为符合社会规范,要求智慧与能力的发展 |

### 2.6.3　自我发展的相关理论

心理学研究表明,一个人的自我概念从发生、发展到相对稳定和成熟,一般需要二十多年的时间。心理学家奥尔波特、米德和埃里克森分别提出了各自不同的自我发展理论。

**1. 奥尔波特的自我发展理论**

在最初的时期,儿童以自己的想法解释外部世界,并且把自己的想法和情感投射到外界事物上去,行为以自我为中心,故称为自我中心期。婴儿刚出生时,无法区分什么东西是自己的、什么不是自己的,将自己的手、脚与周围的玩具视为同样性质的东西并加以摆弄。奥尔波特等人对个体的生理的自我的发生做了详细的研究,提出自我概念最原始的形态是生理自我,即个体对自己身躯的认识。

出生两三个月以后,婴儿开始会对人笑,说明婴儿与外界环境有了接触,发生了相互作用;到10个月大的时候,婴儿会主动看镜子里自己的形象,想和那个形象玩耍,但他还不知道镜子里面的形象就是自己;婴儿在1岁7个月左右,当别人叫他的名字,他知道是在叫自己,且能把自己的动作和动作对象区别开来,当他手里拿着玩具时,不再把玩具当成自己身体的一部分;到2岁左右,幼儿开始逐渐学会用代词“我”来代表自己;到2岁2个月左右,幼儿能确认自己的照片或镜子里的形象,能够使用“你”字与人互动。3岁左右的儿童,自我概念会有新的发展,出现羞耻感与疑虑感。此时的儿童还会出现占有欲和嫉妒感,看到自己喜欢的东西,想独自占有,不愿与人共享,如果母亲或者自己很亲近的人对其他小孩表现出关心和喜欢,会产生嫉妒感;第一人称“我”的使用频率提高,许多事情上都要求“我自己来”,开始有了自立的要求。

从3岁到青春期前,个体在家庭、幼儿园、学校中游戏、学习、劳动,通过模仿、认同、练习等方式,逐渐形成各种角色观念,如性别角色、家庭角色、伙伴角色、学习者角色等。这一时期个体社会意识的增强,认识到自己是社会的一员,尽量使自己的行为符合社会的标准,是获得社会自我的时期,也称为客观化时期。儿童游戏是成人社会生活的反映,如办“家家酒”等。儿童在游戏活动中扮演某个社会角色的同时也在学习该角色的行为方式,并揣摩各种社会角色间的相互关系,产生种种情绪体验,对社会自我的发展具有重大作用。

在学校中逐步社会化是建立自我概念的重要阶段。学校与家庭的不同在于,在单个家庭中,往往以孩子为中心,而学校则关心全体学习者,使学习者认识到自己在团体中的地位,认识到自身是群体中的一员,不能像家庭中那样“唯我独尊”,同时,学习者在学校要承担一定的社会义务与责任,学习知识技能,遵守道德规范,受教育过程中的奖惩情况对学习者成就动机的发展与自我实现的要求影响很大。这些都深刻地影响着自我概念的发展。

青春期以前,个体的眼光是向外的,引起个体兴趣和注意的是外部世界,个体对自己的内心世界有视而不见的倾向,容易把自己的情绪视为伴随行为产生的东西,不善于运用自己的眼光去认识世界,大多照搬成人的观点建立自己对外部世界的认识。

从青春期到成年的10年时间里,个体在生理、情绪、思考能力等方面都发生着急剧变化,个体的自我概念趋于成熟,也趋向主观性,并逐步获得了心理自我,称为主观化时期。这时的个体会运用自己的观点来认识和评价事物,个体的思想和行为带有浓厚的个人色彩,自我概念成为个体认识外部世界的中介因素。个体会强调某些事物的重要性,形成特有的价值体系,指导自己的言行举止,提高自己的社会地位,追求生活目标,出现与价值观相一致的理想自我。在与他人交往过程中,个体大多很在意他人对自己的评价,希望引起别人的注意,常常会根据他人对自身的反应和评价而形成自我观念。这时的个体不再像以前那样容易满足,开始对自己不满意,甚至希望改变自己的外貌、性格等。在这个时期,个体逐渐从成人的保护、管制下独立出来,表现出自我概念的主动性与独立性,强调自我的价值与理想,这是自我概念发展的最后阶段。这时个体能够透过自我概念去认识外部世界,而这样的自我概念过程将伴随我们一生。

**2. 米德的符号互动理论**

米德指出自我的产生是群体内部相互作用的结果。他创立了符号互动理论，认为自我的产生是以分析人际交往过程，特别是分析交往过程中人们所使用的符号的作用和意义为出发点的。他把自我形成和发展过程分为三个阶段。

准备阶段的自我是原始的，不能运用符号的自我，其主要特点是无意识地模仿他人，对符号和意义缺乏理解。例如，刚刚出生的婴儿还没有掌握语言符号，没有办法用符号与其他人进行人际交往活动。

模仿阶段的儿童学会了使用语言，并且学会从对方的角度来看待自己。儿童在一定的时期内往往只能模仿某一个重要的是他人，如母亲或者老师等，不会做情境的转换。

扮演阶段的个体能够把自己扮演为某个角色，并且能够综合几个"重要他人"的角度来看待自己，并使社会群体的规范、态度、价值、目标内化于个体，形成自我，使自己所扮演的社会角色被社会认可和接受。

米德认为自我是社会的产物，不是生来就有的，而是在社会活动过程中产生的。社会通过语言符号的作用来塑造个体、影响个体"自我"的发展，使个体成为符合社会要求的社会角色。

**3. 埃里克森的自我发展理论**

埃里克森认为人的自我概念发展会持续一生，他把自我概念的形成和发展过程划分为八个阶段，它们的顺序由遗传决定，但是每个阶段能否顺利度过却是由环境决定的。

婴儿期大约从出生到18个月左右。婴儿从生理需求的满足中，体验着身体的康宁，感到安全，于是对其周围环境和人产生了一种基本信任感；反之，婴儿如果得不到周围人们的关心和照顾，就会对外界尤其是对周围的人产生害怕与怀疑的心理，产生了不信任感，也会影响到下一个时期的顺利发展。这一时期的主要发展任务是满足生理上的需要，获得基本信任感，克服基本不信任感，体验着希望的实现。核心的心理冲突是：基本信任和不信任的冲突。

幼儿期大约从19个月到3岁左右。除了养成适宜的大小便习惯外，幼儿已不满足于停留在狭窄的空间之内，而渴望着探索新的世界，有独立自主的要求，如要求自己吃饭、走路、拿玩具，甚至自己穿衣服等。这一时期发展任务的解决，影响个人今后对社会组织和社会理想的态度。如果在接受一定程度的照顾下，可以独立自主地做力所能及的事情，并且在完成后获得成人的赞扬，就能促进儿童的意志力的养成，使其获得自主感；相反，如果成人过分爱护，经常以包办的形式来处理一些事情，或过分严厉，稍有差错就予以斥责或体罚，就可能会引发儿童的自我怀疑和羞耻感。这一时期的主要发展任务是获得自主感而避免怀疑感与羞耻感，体验着意志的实现。核心的心理冲突是：自主与害羞和怀疑的冲突。

学前期大约从4岁到6岁左右,又称游戏期。幼儿在这个阶段的肌肉运动能力和语言表达能力发展很快,还能把自己的活动扩展到超出家庭的范围。这个时期,如果成人给予孩子更多机会去自由参加各种活动,对孩子的好奇心以及探索行为予以鼓励,孩子就会表现出很大的积极性和进取心;相反,如果成人的态度是否定和压制的,会让孩子认为自己的游戏不好,提出的问题笨拙,自己被讨厌,致使他们产生内疚感与失败感,从而影响下一时期的发展。个人未来在社会中所能取得的工作上、经济上的成就,都与幼儿在本时期主动性发展的程度有关。这一时期的主要发展任务是获得主动感和克服内疚感。核心的心理冲突是:主动对内疚的冲突。

学龄期大约从7岁到11岁左右。学龄期儿童的社会活动范围逐渐扩大,儿童依赖重心已由家庭转移到学校以及学校以外的社会。这时对他们影响最大的已经不是父母,而是同伴或邻居,尤其是学校中的老师。许多人将来的学习和工作的态度和习惯都可溯源于本阶段的勤奋感。这一时期的主要发展任务是获得勤奋感而克服自卑感,体验着能力的实现。核心的心理冲突是:勤奋对自卑的冲突。

青春期大约从12岁到18岁左右。青少年对周围世界有了新的观察和新的思考方法,常思考自己到底是怎样的一个人,从别人对自己的态度中,从自己扮演的各种社会角色中逐渐认清自己。个体努力从对父母的依赖关系中解脱出来,与同伴们建立亲密的友谊,从而进一步认识自己,也认识自己与他人在外表上和性格上的相同与差别,认识现实的自己与理想的自己之间的关系。同一感可以帮助青少年了解自己以及自己与各种人、事、物的关系,以便能够顺利地进入成年期。自我同一性的建立和以前发展阶段所建立起来的信任感、自主感以及主动感有直接的关系。如果前期各阶段的发展任务顺利完成,自我同一性就容易建立,反之,则容易产生同一性的混乱。这一时期的主要发展任务是建立同一感和防止同一感混乱。核心的心理冲突是:自我同一性和角色混乱的冲突。

成年早期大约从19岁到25岁左右。青年男女已具备能力并准备着去独立承担相互信任、工作调节、生儿育女和文化娱乐等生活,以期充分而准备充足地进入社会。亲密的社会意义是个人能与他人同甘共苦、相互关怀。这时,需要在自我同一性的巩固基础上获得共享的同一性,才能获得美满的婚姻而得到亲密感,但由于寻找配偶包含着偶然因素,所以也孕育着害怕独身生活的孤独之感。发展亲密感对是否能满意地进入社会有重要作用。这一时期的主要发展任务是获得亲密感,避免孤独感,体验着爱情的产生。核心的心理冲突是:亲密与孤独的冲突。

成年中期大约从26岁到64岁左右,男女组建家庭,他们的生活扩展到下一代。这里的生育不仅指个人的生殖力,主要是指关心建立和指导下一代成长的需要,因此,有人即使没有自己的孩子,也能拥有一种繁殖感。缺乏这种体验,人会倒退到一个人的状态,沉浸于自己的天地之中,只一心专注自己而产生停滞感。这一时期的主要发展任务是获得繁殖感而避免停滞感,体验着关怀的实现。核心的心理冲突是:生育与自我关注的冲突。

成年晚期大约从65岁直至死亡,又称为老年期。人生在此时进入到最后阶段,如果回顾一生自觉一辈子过得很有价值,生活得很有意义,则产生一种完满感,伸延到自己的生命周期以外,与新的一代的生命周期融合为一体的感觉。一个人实现不了这一感觉,就易恐惧死亡,觉得人生短促,对人生感到厌倦和失望。这一时期的主要发展任务主要为获得完善感、避免失望和厌倦感,体验着个人的智慧。核心的心理冲突是:自我调整与绝望感的冲突。

### 2.6.4 自我概念形成的信息来源

自我概念不是与生俱来的,而是个体在社会环境中与他人互动逐渐形成的。一般而言,对自我的认知包括以下四个方面:

**1. 他人的反馈**

当被他人告知要多一些勇气、更加主动、更加勤奋时,个人可能会从反馈中获得认知:自己也许有些怯懦、不够主动、不够勤奋。尤其是身边重要的人或者许多人都反馈出类似的看法时,个人就会相信这种看法是正确的,从而认为自己就是这样的人。

研究指出,当一个人总是得到否定的评价时,可能会产生"习得性无助"。它指的是对环境失去控制的一种感受,当一个人沉浸在这种感受中时,他感到不能从环境中逃脱出来,长时间后就会放弃了脱离环境的努力。例如,有的人会沮丧地说:"不论我如何努力,也无法成为受大家欢迎的人。"因此,当他人给予自己否定性评价时,要积极地面对和调整,并且主动沟通,以获得肯定性评价,从而改善自我概念。

**2. 反射性评价**

符号互动学者库利提出了"镜中我"的概念,认为个体感知自己就像别人感知我们一样,镜子中的我或别人眼中的我就是我们感知的对象,我们常常依据别人如何对待我们来评价自己，这一过程称为反射性评价。

有一个大学生在写给自己信任的老师的信中写道："我感到非常孤独，同宿舍的同学不喜欢我。我经常走到宿舍门口时听到他们在里面热烈地交谈，而我一进入宿舍，谈话就会中断。他们对我总是很冷淡。我不知道自己做错了什么，得不到大家的接纳和认同，这让我很痛苦。我曾经想过，是不是因为我的家境略好些，而他们几人家境情况比较相近，我一直主动地想与他们好好相处，也做过努力，主动和他们交谈或者请他们一起出去玩，但是都没用。以前我一直是非常受同学欢迎的，可是现在的我不知道该如何做。"这种在与同学交往过程中感受到的反射性评价对自我概念的形成也起着重要作用。他人的反射性评价值得更加深入地剖析，并采取更有效的措施去调整。

3. 自己的行为

自我知觉理论认为，在内部线索微弱或模糊的情况下，人们常常依据外在行为来推断自己的特征，如性格、态度、品质、爱好等。比如，一个将自己的部分储蓄捐给了亟须帮助的人，通常会认为自己是一个高尚的人，因为这样的行为可以为我们提供明确的线索来评价自我。但在大多数情况下，人们通常依据内部线索来了解自己，如自身的想法、内在的情绪。这通常比外显行为更准确，因为外显行为容易受到外在压力的影响，也容易被伪装，如捐献的行为也可能与舆论影响或者某些利益相关。

4. 社会比较

社会比较理论认为，在缺乏明确标准时，人们常常将自己和相似的人做比较。社会比较为人们提供了认识自我、了解自我和发展自我的重要标尺。通过社会比较可以促进自我的进一步优化。当然，社会比较并不总是向着积极的方向，当个体的目的与动机不同时，采用的社会比较策略也不相同。社会比较又分为向上比较、向下比较与相似比较。自我成就动机强的人倾向于向上比较，与那些比自己更加优秀的人比较，促使自己更加努力；而自我保护与自我美化的动机会促使个人与那些不如自己的人相比；当然更多的人还是会选择与自己相似的人做比较。通过比较发现不足，积极改善，可以获得更好的发展，但是也有可能导致对自我的不满。因此，比较只是前提，之后的面对和积极发展才是自我概念发展中较重要的方面。

## 2.6.5 自我概念的完善途径

自我概念的完善对人的心理健康起着很重要的作用，它制约着个体人格的形成发展，在人格的优化中发挥着强大的动力功能。健全的自我概念同样是心理健康的重要标准，在成才过程中发挥着重要作用。自我概念健全的人，往往是既知道自己的优势，也知道自己的劣势，能正确评价自我和自我发展的；是自我认知、自我体验和自我控制协调一致的；是积极自我肯定的、独立的，并与外界保持一致的；是理想自我与现实自我统一的人，有着积极的目标意识和内省意识，积极进取、永无止境。

以下提供的自我概念的完善途径仅供参考。

**1. 建立正确的自我认知**

自我反省、积极交往、适度地与他人比较、参照实践成果均有助于建立正确的自我认知。

中国古人云："吾日三省吾身"。自我反省是与自我的内心对话，关注自己的心理活动，剖析自己的心理感受，提升自己的心理评价。保持平静沉着的良好心境和状态最有利于客观地反省。一个人要想全面客观地认识自我，还必须积极地进行社会交往，在交往中充分表现自我，发现自己的优势和不足，使自我的各个方面得以呈现。一个缺乏社交能力、孤芳自赏的人是无法全面客观地认识自我的。从他人对自己的态度中得到反馈信息，从而认识和评价自我。人们总是要在与他人的相互交往中不断深化对自己的认识，接受他人对自己的评价。

他人是反映自我的镜子，与他人的互动交往是个人获得自我认识的重要来源。合理的比较策略对形成积极的自我概念有重要意义。比较需要适度和客观，因此选择合适的参照系很关键。① 与别人进行比较的是行动前的条件，还是行为后的结果？② 与人进行比较是看相对标准还是绝对标准？是可变的标准还是不可变的标准？经常有人认为自己不如他人，那为什么会有这种心态？这通常是因为他们更多关注的是身材、家庭原有背景等短期内无法改变的条件，这些对于自我发展来说，缺乏实际比较的意义。③ 比较的对象是什么人？是与自己条件类似的人，还是个人心目中的偶像或极不如自己的人？如果总是与各方面优于自己的人做比较，或者拿自己的弱点与他人的长处比较，长此以往，个人对自我的认知易出现偏差。因此，确立合理的参照体系和立足点对自我认识尤为重要。

学习与社会实践的成果有时直接影响着自身的价值。解决问题、不断提高各项绩效、扩大自己的影响以及积极创造实践项目的成果，都可以促进增加生活阅历，在实践中使自己的天赋与才能得以发挥，借助学习与社会实践的成果认识和评价自我，能对自我有更客观、精准的认识和评价。

全面而正确的自我认知是培养健全的自我概念的基础。自我认知是从多方面建立的,既包括自己的认识与评价,也包括他人的评价。我们不妨认真地想一想,用尽量多的形容词描述自己,然后再根据父母眼中的我、同学眼中的我、老师眼中的我、恋人眼中的我、兄弟姐妹眼中的我,来寻找自我和他人描述中共同的品质,将其归类。你描述的角度越多,你越会找到比较真实的自我。

**2. 获取积极的情感体验**

积极的情感体验可以激发人奋起向上,争取实现自我。获取积极的情感体验很重要的一点是能够积极悦纳自我。每个人都知道悦纳自我很重要,可总有些人对于周围的人、事评价很积极,给予自己的评价却都不高。有些人虽然有很多朋友,学习成绩也不错,但他们并不快乐。悦纳自我是发展健全自我的核心和关键。悦纳自我首先要坦然地接受自己的一切,好的和坏的,成功的和失败的,接纳自己的缺点和不足,欣赏自己的优点;其次要喜欢自己、肯定自己的价值,对自己有价值感、自豪感、愉快感和满足感;再次要接纳自己的不完善和失败,直面自己的不完善也是自信的表现,也是完善自我的起点,因为每个人在外表、身材、能力、个性方面都有一定的局限,对过去的错失不必耿耿于怀,要勇于大胆尝试;最后,珍惜自己的独特性,建立实际的目标,不对自己有过高的要求,扩大社交圈,不要因讨好他人而去做事,积极思考,善用时间,不断学习,定期反省个人的自我成长,多对自己的成就进行鼓励和奖赏。当然,悦纳自我不代表忽视自己的缺点和弱点,不代表无限制地包容自我而不在乎他人,要避免与以自我为中心混为一谈。

**3. 积极地提升自我**

合理定位理想自我,树立适中的奋斗目标,提高自我监督能力,提高自我效能感都是非常重要的。自我效能感决定了个体的动机水平,它反映在行动的努力程度和面对困难时坚持时间的长短上。一个人的自我效能感越强,行动努力的程度就越强,坚持的时间越长,就越能面对挑战,获得行为操作上的成功。自我效能感较强的人,倾向于选择中等难度、中等挑战性的任务,既使自己接受了挑战,又使成功率得到保证;而自我效能感较低的人,要么选择极难的任务以避免将失败归为自身能力不足,要么选择极简单的任务以确保自己不会失败。那些相信自己有较强解决问题能力的个体在一些复杂的决策问题情境中能进行有效的分析和思考,而那些对自我效能产生怀疑的个体则不能。自我效能感也会影响个体对预期情境的建构,自我效能感强的人把成功情境看成是对其行动的积极指导,自我效能感弱的人则倾向于失败的情境建构,过多考虑失败事件,从而降低他的行为水平。

提高自我效能感，可以通过增加对成功的体验，增多替代性经验，语言说服和调节情绪、生活状态来进行。自我效能感作为个体对自己与环境发生相互作用的效能的主观判断，它不是凭空产生的，而是以个体多次亲身经历某一同类工作而获得的直接经验为依据的。这是获得自我效能感最为重要的途径，并且也是对个体已形成的自我效能感进行验证的基本途径。多次的失败会降低个体的自我效能感，多次成功的体验则会提高个体的自我效能感。因此，我们在日常学习、工作、生活中，应选择符合自己实际能力的问题和任务，努力完成工作，从而持续体验成功的感觉，增强自我效能感。通过观察能力水平相当者的活动，获得对自己能力的间接评估。尽管替代性经验是一种间接经验，但它可使观察者相信，当自己处于类似的活动情境时，也能获得同样的成就水平。通过他人的指导、建议、解释及鼓励等，来改变自我效能感。当总能获得外界的关心和支持时，自我效能感就会增强。在面对非常重要且困难的挑战时，个人应有意识地采用一些放松策略，如呼吸放松、冥想放松等，让自己平静下来，从而更客观地评价自己的能力，避免自我效能感的降低。

积极提升自我的另一条途径是克服自我阻碍。对自己能力程度的不自信所带来的不安全感便是一种自我阻碍。一个渴望自我发展的人必须主动克服自我阻碍，进行积极的自我提升与自我尝试并在尝试中发现新的自信来源。

# 2.7 人际沟通

## 2.7.1 人际沟通的概念

沟通是人与人之间发生相互联系最主要的途径。《牛津大辞典》指出，沟通是“借着语言、文学形象来传送或交换观念和知识”。英国学者丹尼斯奎尔指出：“沟通主要是个人或团体通过符号向其他个人或团体传递信息、观念、态度或情感。”管理学家西蒙则认为，沟通“可被视为一种程序，借此程序，组织中的一学习者将其所决定的意见或前提，传达给其他有关学习者”。人际沟通是指人与人之间运用语言或非语言符号系统交换意见、传达思想、表达感情和需要的交流过程，是人们交往的一种重要形式和前提条件。

**1. 人际沟通的重点是心理的沟通**

人际沟通不仅相互交流信息和观点，更重要的是融入了彼此的情感，使得沟通更具有情感性和人性化特征。人际沟通的最终目的是实现双方心灵的沟通，在观点上取得一致，在情感上促成融洽，对于沟通双方而言，心灵层面上的意义和价值比单纯的信息互通要更高、更重要、更值得关注。

**2. 人际沟通的内容具有不可逆和不可重复性**

人际沟通内容的不可逆和不可重复性使得人们相互间的交往变得更为复杂、多变、难以控制。人际沟通的内容不能像录像录音一样，可以轻易对不满意的内容和过程进行处理和剪接。现实中，对于交往过程中出现的错误和不当，我们可以请求谅解或原谅对方，但我们不可能将错误和不良影响抹去或消除。此外，让人在不同的环境、不同的心境下完全重复以前的沟通内容几乎不可能实现，因为一切都发生了变化，人际沟通内容不存在完全意义上的重复。

**3. 人际沟通以改变彼此行为为目的**

人际沟通是一种动态系统，沟通的双方都处于不断的相互作用中。在此过程中，双方都需要借助语言或非语言工具来实现信息交流，当沟通双方中有任何一方的行为发生改变，即表明沟通产生了效果。但只有双方都对结果表示满意表示满意，才算实现了沟通的最高境界和最佳效果。因此，人际沟通无论是采取什么方式和途径，其关键都在于以改变彼此的行为，达成一致目标。

## 2.7.2 人际沟通的意义

### 1. 为个体身心发展提供必需的信息资源

人体是一个系统的有机体，是信息加工和能量转化的主要载体，它时刻与外部环境发生相互作用，接收外界的各种刺激，并对各种刺激做出适当反应，其中社会性的沟通过程位于核心地位。

"感觉剥夺"实验是在征求自愿参与者的同意后，让他们待在缺乏刺激的环境中。具体而言，就是在没有图形知觉（让参与者戴上特制的半透明的塑料眼镜），限制触觉（手和臂上都套有纸板做的手套和袖头）和听觉（实验在隔音室里进行，用空气调节器的单调嗡嗡声代替环境音）的环境中，静静地躺在舒适的帆布床上。实验过程中，参与者除了必要的生理需求能得到满足外，几乎没有得到其他任何刺激。参与者普遍感到无聊和焦躁不安。在过后的几天里，参与者陆续出现注意力涣散，不能进行明晰地思考，智力测试的成绩不理想等反应。这也说明了人作为社会性个体，必须与外界环境保持相互作用，必须接受外界刺激，才能保持正常的生命活动和智力发展。同样，缺乏沟通和交往的孩子的语言能力和其他认知能力都会受到严重的影响，智力发展明显滞后。比如，有些生活在孤儿院的儿童，没有父母的关爱，缺少亲朋的问候，他们在智力发展、言语能力、情绪情感等各方面都明显比正常儿童差，对人冷淡，反应迟钝。

### 2. 是信息传递和自我完善的重要途径

任何一个人，无论他精力是多么充沛，他所能获得的直接经验都是有限的。人要想适应不断变化的外部世界，就必须凭借沟通，获得别人的宝贵经验。信息也正是通过相互沟通，其意义与价值才能得到充分体现，从而推动人类文明的传播和发展。英国作家萧伯纳曾形象地描述，假如你有1个苹果，我有1个苹果，彼此交换后，每人还是只有1个苹果；但是，如果你有1个思想，我有1个思想，彼此交换后，每个人就有2个甚至多个思想。在情感上，我们同样通过沟通来丰富自己的。人们欣赏绘画、摄影作品、看电影电视、阅读散文诗歌，实际上都是在体验创作者的情感历程。不仅如此，通过作品的激发，我们在欣赏过程中还会产生出许多作品中没有的、超越作品本身的情感体验和思想。

### 3. 是人与人建立和维持联系的方式

沟通与人际关系的建立、维持存在着十分紧密的联系。心理学家研究得出，在一个超过200万人的群体中，只需要平均6次，最少2次的转手，信件就可以交到目标收信人手中。人们通过沟通建立起人际关系并由此将各人的努力汇聚起来，以产生更大的能量。

### 2.7.3 人际沟通的动机

#### 1. 乐趣与放松

人们进行大量的人际沟通，是因为它有乐趣。通过语音电话与好朋友进行闲谈，围坐在一起与朋友们争论哪一支球队会获得世界杯的冠军，和家庭成员在一起交谈或在周末一同出游，以便达到身心放松的目的。

#### 2. 友爱与被接纳

友爱是人们对感激和喜欢的人所拥有的热情依恋的情感。不论是通过拥抱、抚摸还是语言方式，友爱的表达对人们获取幸福来说是十分重要的。被接纳是一种强烈的情感需要。年幼的个体希望能够被自己的哥哥姐姐接纳并一起游戏；语言不通的人们如果能一起翩翩起舞，就算在异乡也会有一种仿佛融入当地的被接纳感；新人入职后，通过与工作前辈开展人际沟通，可以更快地成为群体中的一员，也获得了被接纳感。

#### 3. 逃避与控制

人们不时地会通过人际沟通来设法回避带来压力的其他事务。明明应该撰写期末论文，却时不时地要拿起手机跟朋友聊天，甚至跟着已经完成论文的室友们一起去看电影、唱歌。由于新媒体的盛行，网络平台上的人际沟通越发容易实现，许多人每天都花费很多时间在网络平台上与他人进行碎片化人际沟通。

在相互关系中，人们也期望通过人际沟通让他人去做自己想要他们去做的事情，这可能是无关紧要的。比如，到底一起去看哪一部电影、去哪一间自习室写作业，或者一些至关重要的事情。控制他人意味着存在一定程度的操纵，因此有时被视为满足程度最低的沟通行为，比如，一个告诉孩子她如果清理房间就可以睡懒觉的家长，或许更喜欢在无须向孩子提供奖励的情况下，使其清理房间。

## 2.7.4 人际沟通的相关理论

### 1. 社会交换理论

以霍曼斯为代表的早期社会交换理论认为，人际交往活动具有社会性，当个体做出某种行为时，必然会引起交往对方相应的反应行为，对方的反应会给个体带来直接的奖赏或惩罚。人与人之间的交往关系就像一种简单的经济贸易关系，如果一个人在交往中给予别人的多，他就要从别人那里多取得一些作为报酬。如果个体在交往中获得的奖赏越多，那么这种交往活动对他的价值就越大，他继续参与的可能性也就越大。

海斯对交换关系得失的研究也表明，代价和报偿均包含有形的与无形的两种类型。交往的回报主要指我们在与他人的接触中获得的令人满足的经验和商品，如陪伴、接纳、关心、礼物等。也就是说，人们能从人际关系中收获的不单单是物质或任务上的帮助、陪伴、交换信息，还有自信、情感支持、自尊和获得朋友的价值感；而交往中所有令人产生挫折感和压抑的各种后果都是成本，如金钱花销、身体受伤、时间消耗、忧虑或不满的情绪、责任增加、自由受限等。

凯利认为，在人际互动模式中，人际关系的付出代价与获得报酬比个人的人格特征更为重要。一般来说，在报酬和代价之间存在着三种基本关系：第一种是对称的获利，即关系双方都认为，彼此付出代价最小而获得的报酬最大，这种类型的人际关系会越来越巩固。第二种是对称的吃亏，即关系双方都相信，彼此付出的代价极大，但获得的相应报酬极少，甚至没有，这种类型的人际关系会自然终止。第三种是代价与报酬不对称，即每个人都认为自己付出的多而得到的少，对方付出的少但得到的多，这种类型的人际关系会加剧参与者之间的怨恨和冲突。

布劳指出，人与人之间的关系本质上是一种给予和收回均衡的模式。人们会仔细衡量交换的代价和后果，从而选择最有利、最具吸引力的事物，在与他人互动的过程中做出理性的选择。从这个意义上来讲，个体一切交往行动的发生和一切人际关系的建立与维持，都是其根据某种特定的价值观进行理性选择的结果。

沃尔斯特、贝尔谢德和沃尔斯特提出，公平的关系才是最快乐的、最稳定的关系。当人际交往双方体验到的贡献成本和得到的收益基本相等时，人际关系的维持是很愉快的。人们只要认为可以通过公平的行为来得到最大限度的结果，就会采取公平的行为。对过度受益和过度受损的关系，双方都应该感到不安，处于关系中的个体如果知觉到这种关系是不公平的，他们就会感到不开心。关系越不公平，个体就会越不开心；知觉不公平的个体将会采取行动恢复公平。

在长期关系中，人们对关系的满意程度主要取决于四个要素：一是自己在关系中得到的收益；二是自己在关系中花费的成本；三是对自己在关系中应得结果的预期；四是替代关系的质量，即对自己能与他人建立一个更好关系的可能性评估。简而言之，四个要素即收益、成本、结果和比较水平。

个体对在关系中获得什么的期望主要源于其过去经验，如果当事人过去曾经拥有过非常成功的交往经历，那么个体对此次交往就会持有较高的积极期待，如果过去的交往历史比较糟糕，那么个体的期待就会降低。当个体进入到实际的交往过程，已有的期望就会影响到他对关系的满意度或幸福水平的评估。也就是说，如果结果超过当事人的预期，他就会感到幸福和满足，而幸福的程度则取决于所得超过期望的程度。否则，即便在这个关系中当事人得到的回报可能大于成本，即得大于失，但若是结果低于当事人的心理预期，他同样也会感到失望。所以，人们对一段关系的满意度不是由净收益的大小简单决定的，还要考虑到个体对结果和预期的比较。满意的社会交换能够构建人们之间的信任关系，交换活动通过建立社会学习者之间的义务关系将他们联系起来，从而增强了社会的凝聚力。布劳认为，社会交换在社会整合中发挥着极其重要的作用。他指出，与经济交换不同，社会交换有两大独特的功能，其一是建立维系友谊的纽带，其二是建立服从关系或者统治关系。

**2. 人际需求理论**

美国心理学家舒茨认为，个体内心都有三种基本的人际需要：包容的需要、控制的需要和情感的需要。可以根据这三种基本人际需要的强烈程度来描述、解释和预测个体的人际交往行为。如果这些需要在交往中得到满足，关系将会持续并获得良好发展；如果这些基本需要没有得到满足，那么关系将遭到破坏，个体将会义无反顾地选择从关系中退出。

包容的需要主要是指个体想与别人建立并维持一种满意的相互关系的需要，也可以称为归属需要，基本取向是增加人与人之间的相互作用水平，这种需要得到满足之后产生的行为特征是沟通、参与、融合等。

从某种意义上说，归属需要是人类进化的产物。由于早期人类的生存环境比较恶劣，要对抗凶猛动物的外在威胁，人们必须选择群居。在这样的条件下，与他人形成稳定、爱护关系的倾向性就会变成进化上的适应行为，拥有这些特性的人在生殖繁衍上占有优势。许多证据表明，人是社会性动物，没有得到足够归属感的个体很容易出现心理失调。对大多数人来说，长时期的独处是一种难以忍受的压抑经历。当个体被同伴排斥之后，会产生很多消极的反应。

控制的需要主要是指个体在权力问题上与他人建立并维持令人满意的关系的需要，也可以称为支配的需要，以运用权力、领导和影响他人为特征。个体在人际关系中渴望达到一种权力均衡。这里所说的权力是指一个人能够有意地影响他人行为、思想或感受的能力。交往中的权力分配通常由社会规范、交往双方具有的相对资源等因素决定。社会规范通常决定了关系中的影响模式，在传统的家庭中，父母、丈夫比子女、妻子占有更多的社会权力。在社会组织中，拥有更多资源的人也会拥有更多的权力，因此企业的管理者比普通员工的社会权力大。此外，根据最小兴趣原则，对关系没那么感兴趣的一方权力大。但是在一个交往关系中，如果双方的权力非常不均衡，处于弱势的一方内在的支配或控制需要无法得到满足，那么这个关系也将很难维系下去。

情感的需要主要是指个体在与他人的关系中建立并维持亲密的情绪联系的需要，也可以称为爱与被爱的需要，以友善、关怀和亲密为特征。罗波·威斯曾指出，个体从关系中可以得到六种重要的情感收益：依恋感，即亲密关系提供的安全感和舒适感；社会融合感，即一种与他人拥有相同利益和态度的感受；自我价值感，即帮助我们确定和提升自我价值的感受；稳定联盟感，即相信处于困境时有人会帮助我们的感受；指引，即他人可以给我们提供必要信息；照顾他人的机会，即照顾他人给我们一种被需要和自我重要的感受。这些积极的情感体验能够促使个体更好地适应环境。

社会支持感可减少或预防心理紧张造成的心理伤害。布朗的调查也发现，在紧张事件中，有丈夫支持的妇女中只有10%会患抑郁症，而缺乏支持的妇女中有41%会患抑郁症。原因可能是，通过人际交往，人们可以有更多的机会体验积极情绪，意识到有人会支援和帮助自己共同对付外在压力，从而提高自尊心和自信心，抑制焦虑和抑郁情绪。

舒茨发现，在人际交往过程中，需求强度不同的个体会表现出不同类型的人际行为。包容需要会产生包容行为，支配需要会产生支配行为，情感需要会产生情感行为。一般情况下，每种需要的表现都有一个最适宜的水平。包容需要过强的个体会产生超社会行为，特征是过度爱表现，倾向于寻求他人注意；包容需要过弱的个体会产生低社会行为，特征是持续地退缩，避免和他人建立联系。控制需要过强的个体会产生独裁行为，特征是爱支配控制他人，喜欢为他人做决定，但不愿或者不能接受他人支配和控制；控制需要过弱的个体会产生拒绝行为，特征是拒绝权力和责任，喜欢当配角，受他人控制或支配。情感需要过强的个体会产生超个人行为，特征是占有欲过强，一旦建立友谊，就会死死看住对方,阻止他与别人交往;情感需要过弱的个体会产生低个人行为,特征是表面友好,但实质上却总是与他人保持一定距离,避免有情感卷入。

**3. 社会渗透理论**

人际关系的走向与个体自身沟通能力和个体间的沟通状况有着极为密切的关系,奥尔特曼用社会渗透理论来说明自我表露在发展友谊等亲密关系上的作用。

自我表露也称开放自我,它是个体间交流的一种特殊形式,它是个体与他人分享隐秘信息与感受的过程。根据分享内容的不同,可以将自我表露分为描述性表露和评价性表露。其中,描述性表露主要是透露给对方一些关于自己的事情,提供事实性信息。评价性表露是透露给对方自己对其他人或事的观点和感受,提供情感性信息。

人们进行自我表露的动机各不相同,德勒加和格热拉克提出自我表露的五个主要理由:宣泄,有些个体自我表露的目的主要是为了宣泄自我感受,排解内心的压力;自我澄清,个体期望在分享经历的过程中进一步了解自己,理清当前的混乱思路,增强对自我的觉察;社会确认,有些个体试图通过自我表露,观察对方的反应,从而判断自己的观点是否正确和恰当;社会控制,有些个体通过有意表露某些信息达到印象管理的目的,如借助主动示弱来博取同情;发展关系,个体进行自我表露的目的主要是通过表露私密性信息,表达和体现自己对他人的信任和亲密,从而使关系得到更好发展。

对个体而言,自我表露也存在着一些风险。比如,如果对方根本没有兴趣了解自我表露者,就会对自我表露者的自我表露无动于衷、表情冷淡,令自我表露者处于尴尬地位。有时候表露的自我信息由于传递了某种不被对方认同的价值观念,可能会由此导致他人对自我表露者的排斥。别有用心的人甚至可能会利用自我表露的信息伤害自我表露者或控制自我表露者。最为糟糕的是,当自我表露者要求对方对表露的个人信息保密时,这种信赖有时会被辜负。基于对这些潜在伤害的担忧,人们有时候会隐藏自己的真实想法和感受,成为团体中的防卫者或沉默者。

一般来说,当关系由浅入深时,人们会表露更多的个人信息,这体现了社会渗透的深度。当关系继续发展时,自我表露的内容也会变得更多,人们会谈论更广泛的话题。但是,这种表露的深度和广度不是直线增加的,其中会有循环和倒退。

随着话题由浅入深,人们之间的关系也由一般向亲密转化。为避免由于表露太快或太慢而引起的消极反应,个体通常会选择渐进的、渗透式的自我表露方式。这个过程一般分为三步:第一步,一个人首先将自己的情感和私人信息透漏给他人,形成亲密关系的过程就开始了。第二步,倾诉者等待和观察倾听者的反应。如果在互动过程中,倾听者对倾诉者的自我表露报以同情和温暖,那么倾诉者将会继续表露更多的信息。如果倾听者没有给予积极回应,或者出卖了倾诉者,那么两人之间的关系将会出现倒退。第三步,倾诉者感激倾听者的关心。自我表露本身不会创造亲密,自我表露的人必须感觉到倾听者对自己的观点是接受的、理解的,这样才能增强彼此的信任感和情感上的亲密程度。

### 2.7.5 人际沟通的类型

#### 1. 语言沟通

借助于语言表达参与的信息交流,表达意义的损失最小、最具准确性,利用语言开展的沟通具有任何其他交流方式所无法比拟的优越性。所谓语言沟通,就是“以语音为物质外壳,以语词为材料,以语法为结构规律而构成的社会上约定俗成的符号系统”。语言沟通可以使沟通过程超越时空的限制,既可以通过文字记载来享受先人创造的优秀成果,又可以借助文字将当代人的经验留传给后世。语言沟通从类型上看,可以分为口语沟通和书面沟通两大类。

口语沟通是日常生活中最为经常发生的沟通形式,应用最广,收效最快。交谈、讨论、开会、演讲等都属于口语沟通方式。其信息过程一般为:信息发出者在说的过程中积极地思考,进行信息编码,筛选出对方最容易理解的词汇和句法,输出信息。而信息接收者在听的过程中同样要积极思考,并进行信息解码,筛选出有用的信息加以储存,并随时进行反馈以完成相互沟通。

口语沟通中,沟通者之间相互作用充分,信息量也很大。一般的信息交往和沟通,9%以书面写作形式进行,16%以阅读形式进行,其余75%则分别用以听取别人和自己说话的交谈方式进行。由于口语沟通信息的保留全凭记忆,不容易备忘。同时,沟通过程中沟通者对说出的话没有反复斟酌的机会,失误也是最多的。因此,在正式的场合,人们常常采用口语沟通和书面沟通相结合的形式,以达到最佳表达效果。

在人际沟通过程中运用口语交际还需注意基本的语言礼仪,它直接关系着我们交往的成败。无论是政治交涉、军事谈判,还是商业往来、百姓聊天都必须运用语言去表达自己的观点和看法,谈话艺术和语言风格就显得格外重要。在现代交往礼仪中,语言的艺术也备受关注和重视,一则语言得体、谈吐高雅可以显示一个人良好的个人修养;二则语言风趣、幽默睿智能够及时调节气氛,使谈话双方都感到快乐。语言礼仪的关键就是让双方感到舒心,让对方有受尊重的感觉,让自己有受肯定的体会。

书面沟通是借助于语言文字材料实现的信息交流方式,如书信、通知、广告、文件、公函、报纸杂志等。在缺乏面对面的接触或远程通信设施的情况下,书面沟通便是传递信息非常有价值的途径。书面沟通不受时间、空间和地域的限制,书写时可以充分考虑语词选择的恰当性,能详尽、丰富地表达叙述者的意见和情感。

书面沟通从效果上看可以分为两方面:一是文字书写。虽然在生活中不能以书法家的标准要求书写者,但文字书写的美感、力道、圆润、架构等的好坏从某种程度上代表了一个人的文化水平,良好的文字书写能力可以给人好的第一印象和美的享受。二是语言艺术表达。文如其人,书面语言优美、风格俊雅能很好地体现一个人的思想文化水平和语言能力。尤其在现代信息社会,计算机的普及使得书面语言的沟通作用日渐淡化,机器打印在很多场景中取代了手工书写。基于此,书面语言沟通的艺术表达就显得格外重要,这可以让人通过语言能力来判断一个人的整体水平和综合素质高低。

**2. 非语言沟通**

几乎一切非语言的声音和动作,都可以作为沟通的手段。这就意味着非语言的行为和动作在人际交往中必不可少,尤其是在特定环境下判断他人的情感和态度方面,非语言行为甚至有着无可替代的重要性。广义的非语言沟通是指运用除言语之外的所有其他渠道传递信息的沟通方式,它不仅仅指无声,还包含有声的辅助语音等。有学者认为,“非语言沟通,又叫非语词沟通,是借助于非语词符号,如姿势、动作、表情、接触及非语词的声音和空间距离等实现的沟通方式。”尽管上述两种观点不尽相同,但基本内涵差别不大。

泰勒等人根据沟通过程中信息传播途径的不同,将非语言沟通分为如下三类:第一类是通过听觉接受刺激的非语言沟通,如音色、类语言、环境响声等;第二类是同构视觉接受信息的非言语沟通,如动作、外貌、物体的运用、距离等;第三类是同构其他途经接受信息的非言语沟通,如时间、气味、环境等。贝克在《语言的沟通》一书主张将非言语行为分为三类:无声的动姿(如点头、手势等),无声的静姿(如静止的体态和人际距离等),有声的辅助语言和类语言(如音调、音量、呻吟、叹息等)。

(1) 目光

在人际沟通中,人们可以控制自己的语言、姿势和动作以适应当时环境的需要,但难以控制自己的目光。观察力敏锐的人可以从他人的眼中读懂其内心的真实状态和情绪变化。一般而言，在交流开始之前用真诚的眼神注视对方，可以为谈话建立良好的信任关系，交谈之中也可以通过对方目光和眼神的变化了解对方是否对所谈话题有兴趣，是否理解所说内容，并适时调整交流的方式和内容。

研究表明，人的情绪变化会反映在瞳孔的改变上。当谈到一个感兴趣的话题或看得一个新异的刺激时，瞳孔会不自觉地放大。反之，当人们看到令人厌恶的刺激物或感到不愉快和厌烦时，瞳孔会明显缩小，并伴有不同程度的皱眉。目光接触是最为重要的身体语言沟通方式之一。人际沟通中若缺乏了目光接触的支持，那沟通将变得令人不快和困难。最通俗的例子就是如果与一个戴着深色墨镜的人交谈，会让对方内心有莫名不舒服的体验。因为墨镜阻断了目光的接触，使沟通失去了一个重要的信息交流途径，这使得交流成为一个冰冷而没有感情投入的过程。

(2) 表情

在日常的人际沟通过程中，表情是人们运用最多的身体语言之一。借助面部表情，人们可以表现出对事物的肯定与否定、接纳与拒绝、积极与消极等情绪状态。通常情况下，人们的目光和表情是相一致的，共同反映着人的内在心理状态，如高兴时眉开眼笑，忧愁时眉头紧锁，愤怒时咬牙切齿，惊恐时屏息敛气等。但由于表情可以被控制，并变化迅速，所以它有时不像眼睛传递内心情绪状态那样一致和真实。由于人们往往易于被表情吸引，而忽视眼神的细微变化，所以也很容易导致信息获取和判断错误。

研究发现，面部肌肉在表达任何一种表情时都需整体来配合，但某些面部肌肉对于表达特殊情感具有特殊的作用，如眼部肌肉、口部肌肉和颜面肌肉是面部最富有表情的肌肉。一般而言，表现厌恶情绪的关键部位是眼和嘴，表现哀伤情绪的关键部位是眉和额，表现恐惧情绪的关键部位是眼睛，表现蔑视情绪的关键部位是鼻和嘴，等等。为了证明面部肌肉确实与表情有着密切的关系，通常情况下会进行面部表情识别实验。也就是向被试呈现各种表情的人头照片，让他们判断表达的是何种情绪。吉特等人研究了识别不同情绪的表情照片的难易程度，结果发现，最容易识别的是快乐、痛苦；其次是恐惧、悲哀；最难辨认的是怀疑、怜悯。

随着互联网的普及，人与人之间面对面的沟通逐渐减少，进行网络对话和聊天时，文字有时不能完全表达心情感受，一些人便想到了用文字、数字符号来传递情感。这些充满想象力的表情符号让对话和聊天变得生动活泼、意味深长。由此可见，表情符号具有特殊的功效，为这种无法面对面交流的沟通增添

了个性化的情感色彩。

(3) 身体姿势

在人际沟通过程中,手势不仅可以加强语气,而且还可以赋予静态语言以动态感。二战时期,英国首相丘吉尔做出的"V"字手势,成为了世界上广为流传的代表胜利的手势语。对人类手势的研究表明,在某种程度上,决定手势方式的是文化因素,而不是生理遗传因素。不同文化背景下的人在表达同一概念时,选择的手势会有很大差别。一般而言,人们常见的手势有上举、下压、平移等几类,各类又分单手、双手,每种又可作拳式、掌式。例如,摆手表示制止或否定,双手外推表示拒绝,双手外摊表示无可奈何,搓手和拽衣领表示紧张,竖起大拇指表示赞赏夸奖,翘小指表示蔑视贬低,等等。

姿势是一种无声的体态语言,它是反映一个人态度的重要方式,同时也是一个人内在修养的外在表现。例如,一个人谈话时坐姿比较规范、腰板挺直、身体前倾,这就表达出尊重的态度。如果一个人坐姿后仰,跷腿而坐,则显示对谈话不太在意的样子。同样,只要观察听众的姿势,就可以大致判断出演讲者的发言和内容是否吸引听众。

姿势还有一些相对固定的通用范式,被用于强调礼仪的情境。例如,交谈中,坐姿端正、自然、大方,上身挺直,可以靠在椅背上,但不可躺在沙发或椅子上。男性坐时可以双脚并拢或稍分开,不可两脚一伸,斜靠斜躺。女性小腿可交叉或略回收,但不可直伸出去,如果身着裙装,则宜双腿并拢,斜向身体一侧。同样,无论男女,在室内行走,最好不穿带有鞋钉的皮鞋,以免发出声响干扰他人。在公众场合指手画脚,当众伸懒腰、打哈欠、挖鼻孔、掏耳朵、剔牙齿等都是不合时宜的。

由于人的某些身体姿势不是偶然出现,而是伴随着相关情绪和态度的习惯性行为动作。因此,一些身体姿势也可以被看做世界性的沟通语言,跨文化、跨国度的人际沟通有时可以借助身体姿势来实现。

(4) 触摸

触摸被认为是人际交往中最有力、体验最深刻的方式,主要有握手、亲吻、拥抱以及拍肩膀等。心理学家发现,从出生到成人,每一个人都有被触摸的需要。因为人对舒适的触摸会感到愉快,而且还会对触摸对象产生情感依恋。人与人之间的相互理解、隔阂消除以及深厚情谊的建立,也常通过身体接触得到充分表达。比如,父母对孩子的触摸有利于培养母子、父子之间的情感,恋人之间适度的身体接触会促使双方的情感依恋增强,老师对学生的肩膀或头部的触摸有利于建立师生之间的信任和增强学生的自信,久别重逢的老朋友和同学间的拥抱能更好地体现彼此的亲热和无间的情谊等。另外，触摸行为往往能反映出彼此人际关系的亲疏程度及社会地位的高低状况。但是需要注意的是，触摸行为本身具有明显的文化相对性和性别差异性，不同文化背景的国家、民族，不同性别之间往往有不同的习惯和禁忌。在西方社会，熟人相见亲吻、拥抱司空见惯，在东方则以握手居多。

就握手而言，握手的力量、姿势和时间的长短往往能表现出不同的礼遇和态度，显露自己的个性，给人留下不同的印象。不同的握手方式常常能反映出一个人的个性，如握手有力道的人一般热情、主动性强且充满自信；握手敷衍、应付了事的人一般待人冷淡、行为随意或礼节素养不高。尤其值得注意的是，握手是人际沟通中一项非常重要的礼仪，是在相见、离别、恭贺或致谢时相互表示情意的一种礼节。就握手这种礼节而言，需要注意以下几点：其一，握手的顺序。主人、长辈、上司、女士主动应先伸出手，客人、晚辈、追随者、男士再相迎握手。其二，握手的方法。握手时，距离受礼者约一步，上身稍向前倾，双足立正，伸出右手，四指并拢，拇指张开。一般来说，平等而自然的握手姿势应是双手的手掌都处于垂直状态，不宜朝下和朝里。其三，握手的注意事项。握手时应伸出右手，不能伸左手与人相握，因为有些国家的习俗认为左手是脏的。若戴有手套应先脱下来，女士可以例外。另外，握手时眼睛一定要平视对方，切忌东张西望、心不在焉。握手的力度不能太轻，也不宜太重。握手的时间以1～3秒为宜，不可握住对方手长时间不放。尤其值得注意的是，多人相见时不要交叉握手，更不要拒绝对方握手的请求，这都是无礼的。恰当地握手，可以向对方表现自己的真诚与自信，也是接受别人和赢得信任的契机，值得引起关注和重视。

(5) 装饰

一般而言，首次见面时人们大都通过各种装饰的细节来判断对方的身份、职业、个性、气质甚至喜好等。装饰主要包括服装、化妆、携带品等。

服装是装饰的主要方面。服装不仅反映着一个人的性别、年龄、职业、地位，也反映一个人的社会角色、性格乃至喜好。在服饰方面可以跟随潮流，大众化，也可以体现个性。不同颜色、不同款式、不同档次，都反映了着装不同的个人的特点。比如，崇尚名牌、追求高档的人会乐意把服装的标记显露出来；追求时尚的人会很在意穿着流行服装；做事稳重、严谨的人会注意自己服装的规范和整洁；喜欢引起别人注意的人总会有特别的穿戴，等等。此外，雅致、端庄的服饰也表示出对他人的尊敬，邋遢不洁的着装则是一种不礼貌的行为。

化妆是一种特殊的身体语言和沟通方式，因为化妆本身就是有效地向别人显示自己的个性特点和审美情趣的方式。不顾场合一味追求浓妆艳抹的人一般具有强烈的表现欲望,而素雅淡妆往往显示出此人的稳重性格和高雅情趣。值得注意的是,化妆应起到画龙点睛的作用,增加美感,而非喧宾夺主,反受其累。口红、眼镜和佩戴首饰都是化妆的扩展,通过这些装饰能很好地推测一个人的职业、性格和社会地位等。

携带品也是装饰自我的一种途径,如女性的提包、手袋、围巾,男性的手表、烟盒、公文包等,这些饰品只是点缀和装饰,不宜过多,并应与自己气质相吻合。此外,随身电话、使用的交通工具,如汽车,自行车等,都是自我说明的一种特殊物体语言,对人体语言的扩展和延伸都具有重要作用。

(6) 人际距离

对于空间而言,人与人之间空间距离(位置)的作用是十分微妙的。虽然它无法像表情那样反映出喜怒哀乐,无法像动作、姿势那样明显地表现出倾向性,但它却真实地表达出人与人之间关系的亲密程度。每一个人都有自己独有的空间需求,不同层次的交往会有不同的空间距离要求。霍尔将人们活动空间由近及远分为四个层次:亲昵区、个人区、社交区、公众区。一般而言,夫妇、恋人处于亲昵区,朋友处于个人区,熟人交往处在社交区,一般公开交往处在公众区。

文化背景不同的国家和地区对个人空间的规定也是不一样的,如美国人的个人空间距离大,阿拉伯人则相对较小。社会地位的差别也常常导致交往距离的增加,双方地位越悬殊,则空间距离越大。在性别差异上,通常男性的空间距离要求较大,而女性则相对较小。

(7) 辅助语言和类语言

辅助语言包括一个人说话时的声调、音高、音质、节奏转折以及停顿等辅助信息,它们虽不是语言的词语本身,却是语言表述的必要组成部分,具有强调、迷惑、引诱的功能,往往能够表达言语本身所不能表达的意义。

一个人的态度是友好还是敌意,是冷静还是激动,是诚恳还是虚假……都可以从他的声调、节奏、停顿等中表现出来。例如,“你真幸福”这句话,可以以真诚的、羡慕的语气说出,表示认可、祝福;也可以用冷冷的、低沉的语调说出,表示妒忌等。

类语言则是指那些无固定意义的发声,如呻吟、叹息、叫喊、哭泣、咳嗽等。它可以表明一个人当前的内心情绪和态度。

# 2.8 团队与合作

## 2.8.1 什么是团队?

当代社会,团队是一个出现频率很高的词。在本书中,团队是“两个或更多的人为完成共同目标,彼此相互影响、相互作用、协同活动的一个组合”。根据这个界定,同一趟列车上偶遇的一群人不是团队,各自买票到剧场看演出的一群人也不是团队。他们虽然在时间和空间上共存,但彼此间的影响和作用很微弱。

构成一个团队,需要以下几个条件:

(1) 团队目标。团队目标是一个团队的核心,团队是为目标而建立的,也是因为有目标而存续的。团队目标对团队成员起到导航作用,指导团队成员要往何处去努力。如果失去了目标,一个团队也就失去了存在的价值。

(2) 团队规模。团队规模是根据团队的目标而定的。如果团队太小,则可能会因为人手不足、知识技术互补性不足而影响目标实现;如果团队过大,也可能会出现一些人始终游离、团队效率低下等情况。因此,团队规模要适中,以确保所有成员都能充分了解彼此并且互相发生影响,一个成员的决策和行为会被团队的其他成员重视。这样团队的互动效果也会更好。

(3) 团队意识。团队成员对组织有归属感和集体荣誉感,不仅能意识到自己是团队的一员,同时也能意识到其他成员的存在,彼此相互联系、相互影响。

(4) 团队分工。在同一项任务或系列团队任务中,团队各成员之间可能会有不同的分工,有些人倾向于参与拟定方案,而另一些人可能更喜欢执行和操作,有些人可能在协调组织的层面上工作更多,还有人会监督团队工作的进展,评价团队最后的贡献。不同的团队成员通过分工不同来共同实现团队的目标。因此,构建团队和进行分工时,要根据成员的能力及特征来进行匹配。

团队的目标可能是与组织一致的,也可能是自己拟定的;团队中可能有强有力的、明确的领导者,也可能是分享领导角色的,成员通过开放的、积极的问题解决会议等完成实际的工作，共享决策权；团队的领导者需要承担很多责任，但是每个成员也要为团队负责；团队成员的能力、经验整合在一起，能够创造出超越个体相加之和的结果。

### 2.8.2 团队的功能与类型

团队由个体组成，组织又由团队构成，所以团队的功能就表现在个体和组织的两个层面。

团队对个体的主要意义有：其一，让个体获得安全感。团队成员因为在一起工作的缘故，彼此会从相识到逐步互相了解，产生信任。在工作中感受来自其他团队成员的关心和帮助，共同面对挑战和压力，就会产生安全感，不感到孤独和恐惧。其二，让个体体验归属感。当团队中的个体通过与其他成员建立联系，获得工作友情和感受到支持时，会有比较强烈的归属某一团队的情感倾向。其三，满足自尊的需要。个体在团队中会承担一些任务、扮演一些角色，通过自己的工作获得一定的地位，感受自己被认可和尊重，产生自我效能感，有助于自尊的形成和稳定。其四，增加信心。团队成员常常会有共同的讨论得出一致结论的经历，使个体本来把握感不强或者不明确的看法逐渐明晰并得到支持，这样就会增强个体的自信心。团队成员心往一处想，力往一处的状态使会让个体感受到团队的力量。

团队对组织的主要作用是通过合作可以提高组织的工作效率和满意度，增强组织的民主氛围，团队成员参与决策过程使得决策有可能更科学、更准确，组织架构合理的团队可以在更大范围内应对更多方面的挑战。在多变的现代环境中，有效团队组成的组织具有更加灵活、反应更迅速的特点。

团队类型的分类标准有很多，包括规模大小、团队存在的目的及拥有自主权的多少等，如表2.14所示。

**表2.14 团队的类型**

| 类型 | 特　　点 | |
|---|---|---|
| 团队规模 | 大团队 | 一般在40人以上，团队成员之间有时需要用间接的方式取得联系 |
| | 小团队 | 一般不少于2人、不超过40人，团队成员之间直接接触的联合体。成员之间交互频率较高，直接沟通较多 |

续表

| 类型 | 特　　点 | |
|---|---|---|
| 团队存在的目的和拥有自主权的大小 | 问题解决型团队 | 立足于解决问题,如怎样提高质量,提高效率和改善工作状态等。团队成员可以就此交换看法或提供建议,但缺乏实质的决策权力 |
| | 自我管理型团队 | 履行上层交代的任务,责任范围包括控制节奏、决定任务的分配、安排休闲等。甚至可以自行挑选成员构成,相互进行绩效评估 |
| | 多功能交叉团队 | 由同一等级、不同领域的人组成。他们聚到一起的目的就是完成一项任务。多功能交叉团队的成员可能来自同一组织也可能来自不同组织,他们彼此之间交换信息,激发新的观点,解决面临的问题,协调复杂的项目 |
| | 虚拟团队 | 团队成员是分散的,通过计算机技术在虚拟网络平台上进行联系,一起完成某一些任务,形成一个技术链 |

### 2.8.3　团队的发展阶段

通常来说,团队的发展会经历五个阶段,即组建期、动荡期、规范期、执行期和休整期。

组建期,顾名思义就是团队形成的初期,团队的目标、结构和领导人都不确定。刚刚进入团队的成员既兴奋又紧张,对团队也会抱有很高的期望。这个阶段,最关键的就是要形成团队的内部结构框架,包括团队的目标、任务、角色、规模、领导、规范等,另一方面是建立团队与外界的初步联系,建立起与组织和其他团队之间的联系,确立团队权限,建立评估与激励体系等。

动荡期是团队经历组建阶段后,隐藏的问题逐渐显现,团队内部冲突加剧的阶段。虽然说团队成员接受了团队的存在,但是对团队加给他们的约束,仍然有所抵制,对是否要建立和维持这个团队,可能还存在争议。这一阶段,热情会被挫折和冲突影响,抗拒、较劲甚至嫉妒的现象都会出现。团队组建之初的基本原则可能被摒弃。成员之间在立场、观念、方法、行为等方面的差异引发的冲突,对环境因素不熟悉或不适应引发的冲突等都会浮出水面。如果不能顺利通过这个阶段,团队则有可能面临分崩离析的结果。

经过一段时间的动荡期,团队进入规范期。团队成员之间关系日渐亲密,相互间表现出理解、关心和友爱，感到“我们属于一个团队”，表现出一定的团队凝聚力。大家再次把注意力转移到共同的目标上来，关注着彼此的合作和团队的发展。动荡期的不适应和冲突得到改善，团队可以共同克服一些建设中遇到的阻力。这一阶段的潜在问题是，成员们为了避免冲突而不能积极提出建议，出现为了维护关系而保持沉默的状态。

当团队结构趋于稳定，团队规范达成共识，团队结构充分发挥作用时，就进入了执行期。团队成员的注意力已经从试图相互认识和理解转移到充满自信地完成手头任务上，建设性地提出不同的建议，通过团队合作和决策来实现团队任务目标。这一期间团队成员互信、彼此尊重，能够接受外部的有益输入，也可以自我创新，较为熟练地掌握内部冲突的应对方法，让团队显示出巨大的能量。

当团队完成了一定的目标后，也可能会进入休整期。休整期的团队可能面临两种结局：其一，团队解散。此时团队成员内心体验复杂，既会感受到团队取得成就所带来的愉悦，又会伤感于共同建立的亲密关系可能存在着疏远的风险。其二，团队休整。团队完成一个周期性的工作后，处于一个修整过渡时期，准备进入下一个工作周期，此时可能会有老的成员流出以及新的成员加入，团队结构会发生一些变化。

经历完整的团队发展阶段，有益于成员更好地理解团队。

### 2.8.4 团队合作

合作，是生物界和人类社会普遍存在的一种现象。在现代社会，合作指至少两个人在工作、休闲或社会关系中通过相互帮助、共同活动，以追求共同的目标、享受合作的成果或增进友谊的行为。

合作在心理上有三种意义。第一种是相互帮助，即参与合作的所有成员的行为是可以相互替代的，如果一个成员已经从事达到特定目标的某项行为，其他成员就不必重复同一行为；如果一个成员无法完成某种行为，从而阻碍特定目标的实现时，则其他成员可以替代完成，表现为相互帮助。第二种是相互鼓励。成员们彼此为完成任务而发出肯定的情绪表达。若成员的行为能促使本团队更加接近目标时，则成员的行为能为其他参加者所接纳，并受到他们的喜欢与鼓励。第三种是相互支持，即参与者的行为能促使团队更接近共同目标，则其他成员会接受并支持他的行为。

团队合作受到团队目标和所属环境的影响，只有在团队成员都具有跟目标有关的知识技能及与其他成员合作的意愿的基础上，团队合作才有可能成功。信任是合作的基础和前提，互信能够提高团队合作的效率，互信让团队成员把焦点集中在工作而不是其他议题上，能够促进沟通和协调，提升合作的品质以及产生相互支持的功能。

现代社会强调团队合作，是因为当完成某一项任务需要多方面的技能、判断或经验的时候，团队合作的方式要比单打独斗的方式效果好。那么怎样培养团队合作呢？① 增强团队成员对团队的认同感。团队成员对所属团队感到自豪，这种风雨同舟的感觉会更有利于团队合作的展开。② 让每一个团队成员认识到彼此之间的协作及贡献对于团队获得成功是至关重要的。换句话说，没有每个成员的贡献，团队将会以失败告终。③ 让每个团队成员的贡献都可以被衡量，每个成员都可以清楚地看到别人做了什么，让每个成员都能对自己的行为负责。④ 增加成员之间面对面沟通的机会，让每个成员明白对团队而言什么是重要的。⑤ 借助来自外部的挑战机制，促使团队成员之间共同合作战胜挑战，加深合作体验。

团队合作好、具有强凝聚力的团队常具有以下特点：团队成员对目标有清晰的认识，并保持较为一致的看法；有良好的团队氛围、团队成员关系和谐，意见沟通顺畅，信息交流频繁；有较强的吸引力、向心力，团队成员愿意参加团队活动；团队成员有较强的集体主义精神和责任意识，愿意承担团队的任务；关心和维护团队的利益和荣誉，将团队整体利益放在首位；团队成员有强烈的归属感和团队荣誉感。高凝聚力的团队会有高的绩效结果，团队成员的工作满意度高，对每个成员的成长和发展都有促进作用。

### 2.8.5 团队领导

汉语中领导和领导者两个词在使用的时候常区分得不太明确，本书侧重于介绍团队领导者特质、行为和领导风格等内容。

如果问每个人，他们心中的“领导是……”，可能会得到很多不同的回答。因为有多少人试着给领导下定义，领导几乎就有那么多种定义。尽管定义领导的方法多种多样，但是下面这些因素被认为对领导来说是非常重要的。

（1）领导是一个过程。意味着领导并不是领导者自身富有的一种特质或性格，而是发生在领导者与追随者之间的一种交互活动。过程是指领导者既影响追随者，也受追随者的影响。它强调领导并不是一种直线的、单向的行为，而是互动的行为。以这种方式定义领导，领导者就是每一个人都能成为的，并不局限于团队当中正式指定的领导者。

(2) 领导者需要有影响力。这决定了领导者是如何影响追随者的。

(3) 领导在团队中发生。团队是领导发生的环境。领导会影响有着共同目标的团队学习者。团队可以是小任务团队、社区团队或者是具有完备组织结构的大型团队。领导就是某个人影响团队学习者去完成共同目标的行为。

(4) 领导需要有共同目标。领导者把精力放在努力和自己一起完成任务的人们身上。"共同"意味着领导者和追随者有着共同的目标。关注共同目标给领导增添了一层道德色彩,因为它强调领导者需要和追随者一起完成既定目标。强调共同性降低了领导者用强迫或不道德的方式对待追随者的可能性,同时增强了领导者和追随者共同完成任务的可能性。

基于这些要素,对领导的描述可以是:领导是个人影响团队学习者去完成共同目标的过程。

有关领导特质理论研究贯穿了整个20世纪,但是对这种理论做全面总结是在史托迪进行的两项调查中完成的。在史托迪的研究报告中,能清晰地看出个人特质在领导过程中是如何发挥作用的。史托迪的调查结果表明,一般说来扮演领导角色的个人与团队学习者在以下特质上有所不同:智力、警觉性、洞察力、责任心、主动性、毅力、自信和社交能力。个人不能成为领导者并不仅仅是因为个人身上不具有某些特质,领导者具有的特质还必须和领导者发挥作用的情境有关。在某一情境中能成为领导者的个人在另一情境中不一定能成为领导者。调查结果表明,领导不是一种被动的状态,而是源于领导者与其他学习者之间的合作关系。史托迪的第二项调查在描述特质作用和领导之间的关系时更为均衡。第一项调查中指出,领导主要是由情境因素而不是由个性因素决定的,第二项调查指出个性因素和情境因素都会决定领导的成败。

史托迪的调查确定了与领导积极相关的特质:

(1) 责任感以及完成任务的动力。

(2) 完成任务的精力和毅力。

(3) 解决问题时的冒险精神和创新精神。

(4) 在社会情境中勇于创新的主动性。

(5) 自信心与自我认同感。

(6) 愿意接受决定和行动的后果。

(7) 愿意缓解人际压力。

(8) 愿意忍受挫折和延误。

(9) 影响他人行为的能力。

(10) 为实现目标而构建社会相互作用系统的能力。

团队领导的众多行为可以归结为两种具有典型特性的行为:其一,指挥性行为。通过前瞻地思考构架蓝图,而后布置工作,指导和监督追随者。指挥性行为基本上是单向的沟通,自上而下,包括5个W(What,什么;When,何时;Where,何地;Who,什么人;Why,为什么)以及1个H(How,怎么做)。指挥性行为强的领导者总会希望建立强有力的结构,对事情进展阶段清晰地进行要求,倾向于调用组织各方面的资源去完成任务,会注重教追随者如何去做,并会保持监督,喜欢直接纵向领导。其二,支持性行为。这种情况下,领导会更多地授权追求者,在追随者自行完成工作后会给予积极的认可,提升追随者自信,扩展追随者的思维,鼓励进行自我创新和冒险探索,提出问题,让团队成员集思广益地解决问题。

不同的领导者采取的行为方式和所表现出的行为特征即为领导风格。指挥性行为和支持性行为在每个领导身上也都或多或少存在,并不见得是一种绝对的特征。如果用这两种行为作为两个坐标,并用强弱进行区分,就会得到四个象限,可划分出四种不同的领导风格,如表2.15所示。

**表2.15　四种领导风格**

| 风格 | 特　　征 |
|---|---|
| 命令式 | 指挥性行为强,支持性行为弱。<br>行为上,高指挥,低支持。决定权上,决策多半由领导者独自做出。沟通上,多半是单向的沟通。监督上,团队生产力主要靠领导者的监督。解决问题上,通常领导者帮助团队成员解决大量问题。<br>这种领导风格适合团队发展的第一阶段,这一阶段的领导者设定团队成员的角色,提供明确的职责和目标,明确指导团队产生行动计划,告诉期望的工作标准并跟踪反馈,指导追随者,培训他们的基本能力 |
| 教练式 | 指挥性行为强,支持性行为强。<br>行为上,高指挥,高支持。决定权上,常在征求成员意见以后再做决定。沟通上,双向沟通并提供反馈。监督上,命令方式减少,但依然保持一定频率。解决问题上,领导者依然是解决问题的主要角色,但也会尊重团队成员好的建议。<br>这种领导风格匹配的阶段是团队发展的第二阶段。此时领导者可以开始从绝对中心变成稍微远离中心一些。领导者还需要帮助团队成员确认问题所在,设定这一阶段的目标,倾听感受,激发创意,支持团队的进步,在征求了意见后做最终决定,并指导任务的完成 |

续表

| 风格 | 特　征 |
| --- | --- |
| 支持式 | 指挥性行为弱，支持性行为强。<br>行为上，低指挥，高支持。决定权上，更多地向团队成员下放。沟通上，领导者多问少说，并常反馈。监督上，次数减少。<br>领导者让追随者参与到问题的确认和目标的设定中，多问少说，激励追随者共同承担责任，必要时提供一些资源、意见和保障，分享决策权 |
| 授权式 | 指挥性行为强，支持性行为强。<br>行为上，低指挥和低支持。决定权上，几乎完全下放，但领导者拥有最终决定权。沟通上，也是双向沟通并及时反馈。监督上，尽可能地少。解决问题上，鼓励团队成员自己解决。<br>领导者与追随者共同界定问题、共同设定目标，决策时追随者参与程度更高，行动计划也由追随者自己制订，鼓励追随者挑战高难度的工作目标，定期检查和追踪团队的绩效 |

# 2.9 挫折应对

## 2.9.1 什么是挫折?

古人有云:“人生不如意事,十之八九。”第一次看见这句话,会觉得有点悲观的色彩,人生真有那么多的不如意吗?经历增多后,越觉得这句话还有一层深意,即人们常常在安抚遇到挫折的人时用这句话,是想让那个遇挫的人不要觉得自己当下的境况已经糟糕至极,告诉他不是只有他自己才会遇到不如意,从而缓解一个人当时的心理挫折感和压力感。

通常,人们认为“挫折”一词是阻挠、失利、挫败的意思。在中国古语中,常把挫折两字分而用之。如《管子·五辅》中的“兵挫而地削”,《孟子·公孙丑上》“思以一豪挫于人,若挞之于市朝”中的“挫”是屈辱、受挫的意思;《淮南子·览冥训》“河九折注于海”中的“折”是断、曲、弯的意思,也可引申为坎坷、死亡等。据说,最初《后汉书·冯异传》中将挫和折两字合为一体。后《元史·盖苗传》“虽经挫折,无少回挠”中的挫折一词,意为失利、挫败。

在众多心理学词典和书籍中,挫折都被视作一种情绪体验、状态以及行为反应。

朱智贤主编的《心理学大词典》中写道:“挫折是个体从事有目的的活动过程中遇到障碍或干扰,致使个人动机不能实现、需要不能满足时的情绪状态。”邵瑞珍主编的《教育大辞典·教育心理学》中提出,“挫折是当个人的动机性活动受到阻碍或干扰、需要得不到满足时所产生的紧张状态与情绪反应。车文博主编的《当代西方心理学新词典》中提及,“挫折是指个体从事有目的的活动过程中,因客观或主观的原因受到阻碍或干扰,致使其动机不能实现,需求得不到满足时产生的情绪体验”。时蓉华在《现代社会心理学》一书中指出,“挫折是个人从事有困难的活动时,由于遇到障碍和干扰,其需要不能得到满足时的一种消极的情绪状态。”彭聘龄主编的《普通心理学》一书中将挫折定义为:“个体的意志行为受到无法克服的干扰或阻碍,预定目标不能实现时的一种紧张状态和情绪反应,也就是俗语所说的'碰钉子'。"

多数学者对挫折的定义有一定的统一性,但又有不同的侧重点,有些强调挫折是目的行为受到阻碍的情境,重视挫折与目的行为的关系;有些则更多地强调挫折的情绪状态,重视挫折与情绪反应的关系;而另一些学者则认为挫折既是一种情境,又是一种情绪状态。李海洲、边和平在《挫折教育论》一书中提出,挫折的概念有狭义和广义之分。广义的挫折泛指干扰或妨碍人们实现目标,而且能够引起人们精神紧张,造成疲劳度和心理变化的刺激性生活事件;狭义的挫折是指人们在实现某种动机的推动下,在实现目标的过程中,遇到难以克服或自以为无法克服的障碍和干扰,使目标不能实现、需求得不到满足时所产生的一种紧张的情绪体验和行为反应目标。这里包含三个因素:挫折情境、挫折认知和挫折反应。挫折情境是指使需求不能获得满足的内外障碍或干扰所实际呈现的情境状态或情境条件。挫折情境是客观的,如考试不及格、受到同学的讽刺、比赛得不到名次、失恋等。挫折认知是指对挫折情境的知觉、认识和评价,是主观反映。挫折认知既可以是对实际遭遇到的挫折情境的认知,也可以是对想象中可能出现的挫折情境的认知。不同的人面对相同的挫折情境所产生的主观心理压力也不尽相同,个人的知识结构也会影响其对挫折情境的知觉判断。挫折反应即主体伴随着挫折认知,对自己需要不能获得满足时产生的情绪和行为反应,它包含主观体验,常见的有焦虑、愤怒、攻击或躲避等。

在这三个因素中,挫折认知是最重要的,挫折情境与挫折反应没有直接的联系,两者的关系要通过认知来确定,挫折反应的性质及程度,主要取决于挫折认知。当挫折情境被主体知觉后,就可能使主体产生挫折感,否则即便挫折情境存在,人们也不易产生挫折感。挫折感是指个人在意识到自己的动机活动受到困扰后产生的心理状态和情绪反应。

挫折可按不同标准进行分类,如表2.16所示。

**表2.16　挫折的分类**

| 分类标准 | 类　别 | 解　读 |
|---|---|---|
| 挫折的现实性 | 实际性挫折 | 实际存在的挫折 |
| | 想象性挫折 | 挫折并未实际发生,是个体想象未来可能出现的挫折。对挫折适度想象是有积极意义的。但如果想象超出现实,对挫折情境或后果想象得过于严重,则会使人处于极度紧张和焦虑状态,对身心产生消极影响 |

续表

| 分类标准 | 类　别 | 解　读 |
| --- | --- | --- |
| 挫折的严重性 | 一般性挫折 | 在不太严重的事情上遇到的挫折,它对人们的身心影响不大,持续的时间也不长 |
| | 严重性挫折 | 在与自己关系极为密切或意义重大的事件上受到的挫折,常常引起强烈的情绪反应,对人的影响较大 |
| 挫折的准备状况 | 意料中挫折 | 事前有所察觉或有所准备的挫折 |
| | 意料外挫折 | 在毫无准备的状态下,突然遇到的挫折 |
| 挫折的持续性 | 短暂性挫折 | 持续时间较短、暂时性的挫折,对人的身心影响不大 |
| | 持续性挫折 | 持续时间较长或连续发生的挫折,使人处于长期、持续的紧张状态和挫折感之中,对人的身心健康十分不利 |
| 挫折的来源方向 | 外部挫折 | 由于外部条件的限制所产生的挫折。包括缺乏、损失和障碍 |
| | 内部挫折 | 由于自身的条件的限制遭受的缺陷、损伤和抑制 |
| 挫折的性质 | 社会性挫折 | 如政治性挫折、经济性挫折、文化挫折(由法律、道德、宗教、习俗等限制而引起的挫折)等 |
| | 自然性挫折 | 如地震、旱灾、水灾、风灾、衰老、疾病、死亡等 |

### 2.9.2 挫折的形成

人们在需要的驱动下所做事情都是有目的、有计划的,挫折与目标的实现是密切相关的。人们在实现目标的过程中,动机行为带来有四种不同的结果。第一种情况是无需特别努力即可达到目标,个人没有遇到干扰或障碍,实现了既定目标,需要很容易被满足。第二种情况是遇到了干扰和障碍,个体在行动过程中,克服或绕过了所遇到的干扰和障碍,实现了既定目标。第三种情况是个体在达成既定目标的过程中,遇到了干扰或障碍,调整了方向,降低了行动目标,用新的目标替代了原来的目标。第四种情况是个体在实现既定目标的过程中,遇到了无法克服的干扰或障碍,目标不能实现,需要不能满足,因而产生种种焦虑、郁闷、失落、痛苦等消极情绪。我们通常把第四种情况称为挫折心理。

由上可见,挫折产生的条件有以下4项:① 具有必要的需要动机和目标。动机是推动个体用行动以达到一定目标的内在动力。② 要有满足需要和达到目的的手段或行为。个体所感受到的挫折是在他采取一定的手段,为满足一定的需要、实现预期目标的实际行动中产生的。③ 必须有挫折情境的发生。在实现目标的过程中,由于客观或主观因素的阻碍或干扰,会发生两种情况:一是通过主客观条件的改变,克服了短暂的困难,实现目标,或者达到了替代目标,使需要得到满足;二是通过主观客观条件的改变,目标不能改变也无法实现,需要得不到满足,在实现目标的道路上受阻但又无法逾越,构成了挫折情境,这种挫折情境也可以是通过想象而产生的。④ 个体在实现目标的行为受到阻碍而遭遇挫折时,必须有所察觉(认知)。如果客观阻碍存在,但个体主观上没有知觉,就不会构成挫折情境。⑤ 不仅个体主观上意识到阻力的存在,并且还伴随着对挫折的认知和体验而产生的相对应的紧张状态和情绪反应。

造成挫折的原因是多方面的,挫折形成与自然环境、社会环境、自身条件以及个人的动机冲突等因素密切相关。

(1) 客观原因。即个体自身因素以外的自然、社会等外部环境因素限制与阻碍了人的需要和目标的满足和实现。主要包括:① 自然因素,是指无法预料和控制的自然灾害(如地震、洪水、台风等),以及由自然因素引起的疾病(如SARS、禽流感等)、事故、学习环境恶劣等。这些都是人们无法回避的客观因素。② 社会因素,是指个人在社会生活中受到的各种人为因素的限制与阻碍,包括政治、经济、法律、道德、风俗习惯等。③ 家庭因素,父母是孩子的第一任老师,家长对子女的教养方式、所灌输的价值观念、家庭的经济状况以及家庭学习者之间的关系都会对人产生影响。

(2) 主观原因。即由于个体生理、心理、知识、能力等因素的阻碍和限制,使人的需要得不到满足,从而产生挫折感。主要有:① 生理原因,是指个体由于生理素质、体力、外貌、某些先天缺陷所带来的局限和限制,导致活动的失败,无法实现既定的目标。② 个体能力,是指因个体智力条件或性格、能力等心理特征因素引起的心理挫折。③ 自我评价,自我评价水平过高的人容易产生一些与自己目前条件不符合、超越自己实际能力的动机,因而即使再努力,需要也得不到满足。④ 抱负水平,一个人对挫折的体验还取决于自身抱负水平。抱负水平是指一个人对自己所要达到目标规定的标准。一般来说,在同等条件下,抱负水平高的人比抱负水平低的人更容易感受到挫折。

(3) 动机冲突。在有目的的行为活动当中,个体常常会因一个或几个目标而同时产生两个或两个以上的动机。如果这些并存的动机不能同时得到满足,而必须做出取舍,动机冲突就产生了。这种心理矛盾强度越大、持续时间越长,就越有可能引起挫折感。动机冲突引起的挫折有四种表现,即双趋冲突、双避冲突、趋避冲突、双趋避冲突。

## 2.9.3 与挫折相关的理论

### 1. 本能论与心理防御机制

19世纪末20世纪初，奥地利精神科医生弗洛伊德首次阐述了潜意识的作用，开辟了潜意识研究的新领域。他认为，人的一切行为都是以性欲（里比多）为动力的。如果心理性欲的发展过程不能顺利进行，如停留在某一阶段或遇到挫折而从高级阶段倒退到低级阶段等，都可能造成行为异常。因此，弗洛伊德认为一切精神疾病的根源都在于性欲受到压抑或阻碍，即挫折；神经症的驱动力量的根本性质是本能，目标在于获得满足和避免挫折。

他提出人格结构包括本我、自我、超我。本我包含生存所需的基本欲望、冲动和生命力。本我按“快乐原则”行事，不理会社会道德、外在的行为规范，它的要求是获得快乐，避免痛苦。超我遵循的是“道德原则”，是人格结构中代表理想的部分，它是个体在成长过程中通过内化道德规范、内化社会及文化环境的价值观念而形成的，其机能主要包括监督、批判及管束自己的行为。超我大部分也是无意识的，超我要求自我按社会可接受的方式去满足本我。自我遵循的是“现实原则”，是自己可意识到的执行思考、感觉、判断或记忆的那部分，自我的机能是寻求“本我”冲动得以满足，而同时保护整个机体不受伤害。

弗洛伊德认为，本我和超我在无意识领域中的矛盾冲突是不可调和的，而且这种冲突通常会引发一种弥漫性的恐惧感，即焦虑。焦虑的产生反过来又促使各种心理防卫机制发生作用。最主要的防卫机制是压抑，它可以使本我和超我之间的矛盾冲突几乎完全隐瞒起来，而不让人们意识到。弗洛伊德关于心理防卫机制的概念得到了人们普遍的认可，他对挫折心理所提出的一些观点极大地影响了后人的研究。

### 2. 挫折-攻击理论

挫折-攻击理论最初由多拉德等人于1939年发表的专题论文《挫折与攻击》中提出。他们将挫折定义为“目标行为受阻”。当个体的能量受到阻碍或挫折时，会引起攻击或敌意。受挫是导致展开攻击的原因，而展开攻击则是受挫的结果。个体之所以感受到受挫，与其动机有关，而这种动机是后天习得的而不是天生的。从这个意义上来说，攻击是受个体内部力量驱使的。他们认为，攻击行为的发生总是以挫折的存在为条件的，攻击永远是挫折的一种结果。在他们的观点中，攻击可能会被加以掩饰、延宕或转移，但绝不可能消失。当个体遭遇挫折时，常常引起愤怒的情绪，因而表现出攻击行为。

持这种观点的学者认为，挫折攻击理论可以应用于更广泛的社会关系中。经济萧条会引发个人的挫折行为，当人们失去或找不到工作、买不到生活必需的物品以及其他各方面受到种种限制时，各种形式的挫折行为就会随时发生。至于挫折在多大程度上会引起攻击行为，曾有学者研究提出“挫折-攻击”理论依赖四种因素，即攻击行为的产生预期与挫折驱动力的强弱、挫折的程度、以前遭受挫折的频率（挫折的积累效应）、对攻击行为可能引起的惩罚后果严重程度的估计等有关。其基本规律是：攻击的强度与目的受阻强度成正比，同攻击可能受到的预期惩罚的强度成正比；当挫折强度达到一定值时，预期的惩罚越大，攻击的发生可能性越小，相反，当挫折越大，攻击越有可能发生。

随着大量资料的积累，人们越来越觉得早期的挫折攻击理论过于简单，不能为许多挫折和攻击有关的现象提供令人满意的解释。例如，许多人遇到挫折后并没有发生实际的攻击行为，许多侵犯行为与挫折无关。有学者提出，挫折导致的不是攻击本身，而是侵犯性情绪状态——愤怒，攻击行为的发生还受情境攻击线索的影响，诱发攻击行为的线索就成了愤怒变成攻击行为的必要条件。

**3. 挫折-倒退和挫折-固着假说**

挫折-倒退假说认为，当个体遭受挫折后，丧失追求目标的动机，以较幼稚的依赖行为来应对困境。1941年，巴克等人在评价儿童用玩具进行“建设性活动”的基础上，提出挫折会导致倒退，即引起退回到更早年龄发展水平上的行为。巴克以一群3～5岁的孩子为研究对象，先让他们玩一些标准配置的游戏，之后呈现一组相当吸引人的玩具，再把这些有吸引力的玩具收起来，让孩子只能玩原来那些标准配置的玩具。实验发现，当不让再玩那些好玩且具有吸引力的玩具时，孩子会出现退化的行为。实验同时发现，这些孩子不仅会表现出消极退化行为，而且还会出现其他行为，如反复地在某一点寻找被收起来的玩具，对障碍物表现出越来越强的攻击性等。研究发现，倒退行为的表现形式主要有以下几种。

(1) 倒退（退化）。挫折会引起行为的倒退，使个体出现与年龄不相称的幼稚行为，亦即退回到较低的心理发展水平。例如，有了新弟妹的四五岁儿童，常出现尿床、吮手指、啼哭等退化行为，以引起成人的注意、安慰和爱抚。成人遭受挫折时，蒙头大睡、装病不起等均属于正常的人的退化行为。

(2) 冷漠。个体对挫折情境持漠不关心的态度，它是比攻击更为复杂的一种反应，诱因很多，如长期遭受挫折，已无克服挫折的希望，以往体验过的攻击无数，或因攻击而招致更多的痛苦等，故表现出冷漠。

(3) 幻想。即个体遭受挫折后企图以自己想象的虚构情境来应对挫折，借以脱离现实。白日梦就是常见的幻想形式之一。

(4) 受暗示性增高。指个体遭受挫折后受暗示性增高，受挫后明辨是非的能力降低，埋怨多，缺乏主见，盲目地相信别人，盲目地跟随别人或盲目地执行别人的指示等。

挫折引发的倒退反应会干扰正在进行的行为，或导致动机发生变化，使个体的行为受到妨碍而无法继续。

梅尔提出，当个体遭受挫折后，会导致反复进行“无目的的行为”，表现出具有机械性、呆板性、强制性和无效性等特点的行为。这种行为既不能轻易停止，又对实现目标、满足需要没有帮助。这种行为具有强迫性、无建设性和固着性等特质，最后往往也不能采取更适当的行为反应以取代这种固执行为。对这种固执行为若给予惩罚，往往不仅不会改善现状，反而会导致问题更加严重。惩罚可能成为形成挫折的原因，从而引发更固执的行为。故在使用惩罚手段时要特别谨慎，否则会得到事与愿违的效果。这就是挫折-固着假说。

梅尔把挫折看作独特的概念，他提出受挫折之后产生的任何行为都变得固定化，这个效果与正常的学习或动机过程无关，其目的是解除内在紧张状态。

**4. 挫折容忍力**

罗森茨威格创造了挫折情境投射测验，他认为挫折是一种障碍，阻碍了需要的满足。换言之，挫折以某种方式阻碍动机发生作用。罗森茨威格最早使用“挫折容忍力”的概念，他认为挫折容忍力就是“抵抗挫折而没有不良反应的能力”。

他提出，当个体遭受挫折时，可能产生三种反应：① 强调障碍型。强调困难所在，被阻碍的力量吓倒，心灰意冷，充满失败感。② 自我防御型。运用自我防卫方式，为自己辩护，维护自我安全。③ 需求持续型。不为阻碍所困，继续寻求其他有效途径，以求达成目的。

罗森茨威格还根据反应的方向(攻击对象)，将挫折反应分为三种：① 外惩反应。将责任归咎于外部，对造成挫折的外界的人或物表现出敌对或攻击性行为，也可称责他反应。② 内惩反应。将形成挫折的原因归咎于自己，表现出自我惩罚、自责、充满内疚感，也称为责己反应。③ 容忍反应。对挫折安然接受，不责怪别人，也不埋怨自己，而是另谋良策，想办法克服困难，也可称为免责反应。

根据挫折反应方式和反应方向，可组合形成九类反应（见表2.17）。该测验所涉及的样量较少，实施和计分都很简便，统计处理也不繁复，因此，有人将它修正后，用以研究种族敌视、预防战争的调查以及测试消费者对产品的态度。

**表2.17　挫折反应方式和反应方向**

| 反应方式<br>反应方向 | 强调障碍 | 自我防卫 | 需求持续 |
| --- | --- | --- | --- |
| 外罚 | 为难 | 你不好 | 请别人善后 |
| 内罚 | 怎么办（狼狈）/真对不起/以后不再这样 | 自己不好 | 自己善后 |
| 免责 | 没什么 | 无可奈何 | 顺其自然 |

## 2.9.4　挫折应对

挫折带来的消极情绪容易让人消沉。情绪应对是指将应对重点放到挫折等应激情绪反应上，努力减轻焦虑等情绪反应，而不是直接处理应急源。情绪应对是一种间接的调节方法，在弱化挫折情绪反应的基础上使自我免受较大的干扰，个体可以继续维持自己的希望和勇气，逐步恢复。

对应激情境的重新评价有可能改变应急源对人的意义，从特定的经验中寻找意义，使思考问题的角度更积极，能分散对消极方面的注意，积极地再评价也可以导致自尊增强，从而阻抑消极情绪，重新评价可以增加当事人对威胁情境的控制能力，重新获得主动权。

有学者提出，当人们遇到挫折和压力时，可以通过“四步自我声明”来控制情绪：第一步，准备面对应急源，“别担心，我能想出办法的”；第二步，面对，“一步步来，我能应对，放松，慢慢来”；第三步，应对，“别总想消极面，想一想有哪些办法”；第四步，强化，“很好，这个办法有点用，情况不像开始那么糟糕了”。

从正面去思考挫折、调节情绪也很有帮助。假设有一个任务最终没有完成，个体可能会情绪低落，甚至感觉痛苦。人的想法可能是“因为挫折，所以我很难过”。如果长期沉浸在这种情绪体验中，人会变得消沉，可能会怨天尤人。通过正面思考，意义转化，可以将想法改变为“虽然遇到了挫折，但这次失败让我积累了经验。在过程中,我其实还是有成长的,并且现在能更好地看到自己的不足,让我更有经验去面对下一个任务挑战。这次的失败也提醒我要好好珍惜已经获得的成果,我还可以继续加油,再接再厉。我也要把这个感受告诉同伴,让大家都能够变得更加积极,共同追寻我们的目标。"通过这种认知的改变,可以应对挫折带来的消极情绪影响。

# 第3部分

# 团体活动精选

# 3.1 水 果 派

**活动预设目标：**

✧ 通过肢体语言的表达，得到热身和活跃气氛的效果，并加深彼此的了解。

✧ 此游戏也可用于将人群分组。

**参与人数：**

✧ 总人数应不少于8人。

✧ 每组8～12人为宜。

✧ 每2组至少有1个带领者为其服务。

**活动道具：**

✧ 无。

**场地要求：**

✧ 可以移动桌椅的教室或室外场地。

**活动指导语：**

✧ 带领者请每个学习者在脑海里先想一样自己最喜欢的水果。

✧ 学习者不能发出任何声音，仅靠肢体语言来表现自己最喜欢的那种水果，并找到和自己喜好相同的学习者。

✧ 所有人都找到同伴之后，各组学习者一起用肢体语言向其他人表现本组人最喜欢的水果是什么，并说出喜欢的理由。

**引导学习者分享的问题：**

✧ 用肢体语言来表现最喜欢的水果，对你来说有难度吗？

✧ 你是否会为了表现方便而选择并不是自己最喜欢的水果？

✧ 找到和自己喜好相同的伙伴时有什么感受？

✧ 你觉得在众人面前进行表现有压力吗？为什么？

**活动变式：**

✧ 如果以分组作为出发点，也可以给定有限的几种水果，每人抽取便签后，按照要求寻找同伴，这可以减少寻找同伴的难度，也可以保障每组人数的一致。

**活动优势：**

✧ 将肢体语言和个人喜好联系起来，既可以热身，又可以在一定程度上达到分享和了解的目的。

✧ 任务轻松简单、趣味性较强，适合多年龄段的学习者。

# 3.2 大 风 吹

**活动预设目标：**

✧ 使每个学习者都可以较为容易地投入团体活动中。

✧ 将最初的位置打乱，让熟悉的人分开，去关注更多不够熟悉的人，有助于促进学习者对他人的了解。

**参与人数：**

✧ 总人数应不少于12人。

✧ 每组12～16人为宜。

✧ 每组有1个带领者为宜。

**活动道具：**

✧ 粉笔或胶带若干。

**场地要求：**

✧ 人数较少时，可以利用教室中宽敞的空处。

✧ 人数较多时，则要求有足够大的空旷场地。比如，可以将教室的桌椅移动到角落，或者选择室外场地。

**活动指导语：**

✧ 请所有人先围成一个圆圈。

✧ 用粉笔或胶带在每个人站定的位置圈出一个明确的范围。

✧ 第一次，带领者将站在圆圈的中心位置，喊“大风吹”，站在圆周上的所有人要一起问“吹什么”，接着带领者会喊“吹×××的人”，符合×××条件的人就必须离开自己的位置(例如，吹“穿黑色运动鞋的人”，那么所有穿黑色运动鞋的人就必须离开自己原有的位置)，找到一个新的位置站好。带领者会在这个过程中抢占其中一个位置。

✧ 被抢了位置的人需要在圆圈中心介绍自己，并表演一个小才艺，而后继续站在圆圈中心，喊“大风吹”，其他人一起问“吹什么”，站在圆圈中心的人要喊出一个新的条件引起符合条件的人进行位置调整。

✧ 当每个人都在圆圈中心介绍过自己后,活动结束。

**引导学习者分享的问题:**

✧ 你最先会想到以什么样的条件来打乱学习者的位置?这个条件有特别之处吗?

✧ 站在圆圈中心、表演才艺,对你来说有压力吗?

✧ 得到大家的掌声后,你的感受是怎样的?

**活动变式:**

✧ 也可以将符合×××条件的人改为不符合×××条件的人,或者将符合与不符合穿插使用,提高学习者的专注度和反应力。

**活动优势:**

✧ 这一游戏有利于将熟悉的人群打乱。因为熟悉的人们总是喜欢待在一起,有时候会阻碍他们与陌生人的互动。

✧ 可以在一个较为自然的状态下介绍自己,并展示个人才艺。

# 3.3 独一无二

**活动预设目标：**

✧ 通过形象的肢体语言促进学习者之间的相互认识，增进彼此熟悉的程度。

**参与人数：**

✧ 总人数应不少于8人。

✧ 每组8～12人为宜。

✧ 每组有1个带领者为宜。

**活动道具：**

✧ 无。

**场地要求：**

✧ 教室中如果有桌椅，可以按需要挪动到角落或室外场地，让学习者团团围坐或站着，以便参与活动。

**活动指导语：**

✧ 每个人为自己设计一个标志性的动作，并向组内其他学习者介绍自己，这个标志性动作应与自己的姓名有所关联。作为示范，带领者可以先介绍自己，并展示一个较为夸张的标志性动作。

✧ 介绍完毕后，各小组围成圈，依次开始高喊“我叫×××”，同时做出对应的动作，并向他人说明这个动作的来历。

✧ 一个人介绍完自己的姓名及动作后，小组内的其他学习者就重复他的名字“他叫×××”，同时做出相同的动作。

✧ 小组内介绍完毕后，也可以让各小组交换一些组员，重新进行该游戏。

**引导学习者分享的问题：**

✧ 以前是否有过这样的经验——有没有被陌生人反复呼唤自己的名字？

感受如何？

✧ 增加了个性化的动作后，每个人对别人有什么样的不同感受？

**活动变式：**

✧ 可以改用一种"特殊"的声音来表现自己，也可以用一种动物的动作和声音特征来表现自己。

✧ 可以要求学习者在表演自己的动作之后，再表演身边人的动作，以加深印象。

**活动优势：**

✧ 比起复杂的名字，人们更容易记住形象的动作和简单的声音，所以这是一种比较有效的快速结识同伴的方法，气氛容易活跃。

✧ 同时大家还可以从某人对动作来历的说明中，获得更多的信息，促进彼此了解。

## 3.4 由零化整

**活动预设目标：**

✧ 通过游戏让学习者体验主动交往的乐趣。

✧ 在交流中发现共同爱好，寻找志同道合的朋友。

**参与人数：**

✧ 总人数应不少于16人。

✧ 总人数为4的倍数为宜。

**活动道具：**

✧ 多种颜色的小方形纸若干。

✧ 将每张纸都剪成4小块（应尽量避免剪成正方形等过于规则的形状）。

**场地要求：**

✧ 无特殊要求。

**活动指导语：**

✧ 每个学习者先在带领者提供的盒子里选取一张自己喜欢的纸片。

✧ 根据自己手中纸片的颜色与形状，到学习者手中寻找与自己图形与颜色都契合的"有缘人"。

✧ 找到了"有缘人"后，四人坐在一起，相互介绍自己，通过交谈找出彼此三个以上的共同点。

✧ 全体交流分享。

**引导学习者分享的问题：**

✧ 借助纸片寻找"有缘人"，给互动带来的好处是什么？

✧ 你是主动地四处寻找，还是默默等待他人找到你？

✧ 在寻找过程中一直没有进展时，你有什么样的感受？

✧ 找到"有缘人"时，你的感受是怎样的？

**活动变式：**

✧ 可以认定第一个图形锲合的人为“有缘人”，也可以认定只要图形能契合的人都为“有缘人”。

✧ “有缘人”可以是颜色相同、形状也锲合的“纸片”，也可以是颜色不同但形状契合的“纸片”。

**活动优势：**

✧ 借助一张小纸片，可以让那些不太主动的人变得更为主动一些。

✧ 让学习者发现人际互动的开始并不是一件困难的事情。

# 3.5 松鼠搬家

**活动预设目标：**

✧ 吸引学习者专注于活动过程。

✧ 调动学习者与他人互动的情绪与意愿。

**参与人数：**

✧ 总人数应不少于16人(包括1位带领者)。

✧ 每个组合人数为3人。

**活动道具：**

✧ 无。

**场地要求：**

✧ 教室内如果有桌椅,可以依据需要将其挪动到角落,或选择室外开放平整的场所。

**活动指导语：**

✧ 学习者三人为一组,其中一个人蹲在地上扮演“松鼠”,另外两个人扮演“大树”,面对面站立,双臂向前向上伸出,双手相握构成一个“小木屋”。

✧ “松鼠”必须住在“小木屋”里,两棵“大树”组成的“小木屋”里,必须有一只“松鼠”。

✧ 当听到“松鼠搬家”的口令时,“松鼠”必须离开原先的“小木屋”,找到一个新的“小木屋”,“大树”不动;当听到“樵夫砍柴”的口令时,“大树“必须拆分开,找到另一颗新的“大树”搭建一个新的“小木屋”,“松鼠”不动;当听到“森林大火”时,“松鼠”要换“小木屋”,“大树”要拆分重建,构成一个新的三人组合。

✧ 起始口令先由带领者喊,后由最初没有找到组合的学习者喊。喊“松鼠搬家”口令后,喊口令者可以扮演“松鼠”去抢占其他“松鼠”的“小木屋”;喊“樵夫砍柴”的口令后,喊口令者可以扮演“大树”去抢占其他“大树”的搭档;喊“森林大火”口令后,喊口令者可以扮演“松鼠”也可以扮演“大树”,进入游戏,挤出原先参与在游戏里的学习者。

**引导学习者分享的问题：**

✧ 被挤出来的时候，心里的感受是怎样的？

✧ 挤出别人的时候，心里的感受是怎样的？

✧ 听错口令，错误行动后，心里的感受是怎样的？

✧ 从来没有出错的感受是怎样的？

**活动变式：**

✧ 当听到“森林大火”时，“松鼠”可以换窝也可以变成“大树”，“大树”要拆分重建也可以变成“松鼠”，只要最后构成一个新的三人组合即可。

**活动优势：**

✧ 活动趣味性高，容易掌握，容易参与，气氛活跃。

✧ 有一定的潜在竞争性，能促进学习者投入活动。

# 3.6 雨点变奏曲

**活动预设目标：**

✧ 吸引学习者专注于活动过程。

✧ 活跃气氛。

**参与人数：**

✧ 人数不限，有利于人数多时使用。

**活动道具：**

✧ 无。

**场地要求：**

✧ 有桌椅的室内为宜。

**活动指导语：**

✧ 请学习者利用身体的任何部位碰撞发出两种以上的声音。

✧ 让学习者用自己最擅长的方式发出声音。

✧ 引导练习发出四种声音：① 用食指和中指在桌面击打发出“滴答滴答”的声音。② 双掌互相击打发出“劈啪”的声音。③ 猛力鼓掌或拍大腿发出更大的“噼啪噼啪”的声音。④ 用力拍桌面，同时还用力跺脚发出“隆隆”的声音。

✧ 让学习者想象一首“雨点变奏曲”。小雨——用食指和中指在桌面击打发出“滴答滴答”的声音；中雨——双掌互相击打发出“劈啪”的声音；大雨——猛力鼓掌或拍大腿发出更大的“噼啪噼啪”的声音；暴雨——用力拍桌面，同时还用力跺脚发出“隆隆”的声音。

✧ 带领者发出天气变化指令，学习者根据指令发出对应的声音。例如，“现在开始下小雨，小雨变成中雨，中雨变成大雨，大雨变成暴风雨，暴风雨变成大雨，大雨变成中雨，又逐渐变成小雨……最后雨过天晴。”

✧ 最后，以暴风骤雨的声音结束本活动。

**活动变式：**

✧ 可以用其他动作、手势等来代表各种雨。

✧ 天气预报的发布可以调整，可根据总时间的长短来设定。

**活动优势：**

✧ 活动循序渐进，有助于调动情绪、活动手脚。

✧ 在一定程度上让学习者发挥想象力。

# 3.7 宾果游戏

**活动预设目标：**

✧ 在较短时间内促进学习者主动了解他人。

✧ 让学习者感受交往的轻松。

**参与人数：**

✧ 总人数应不少于10人。

✧ 适合人数较多的状况。

**活动道具：**

✧ 宾果(Bingo)游戏问题模板(见表3.1)、纸和笔。

**表3.1 宾果游戏问题模板**

| 和自己出生在同一季节 | 有兄弟姐妹 | 养过宠物 | 能说不止一种语言 | 在家里帮父母做家务 |
|---|---|---|---|---|
| 想蹦极 | 认为早晨6点起床太早 | 拥有过至少一辆自行车 | 喜欢吃鱼 | 可以从左右向中间卷起舌头 |
| 想出国旅行 | 通常会早起(早晨7点前起床) | 喜欢阅读 | 有固定的生活内容 | 喜欢网络游戏 |
| 喜欢运动 | 夜猫子(总是晚于12点睡觉) | 有规律的生活 | 和自己同一个星座 | 曾帮助过别人，哪怕是微小的事情 |

**场地要求：**

✧ 无特殊要求，有桌椅的教室较适合。

**活动指导语：**

✧ 在空白纸上参照宾果游戏问题模板内容画出20个四方格，并写下对应关键词句。

✧ 拿着这张纸，去找20个不同的人围绕关键词句提问，如果对方回答"yes"，就请对方在对应四方格处签名，如果对方回答"no"，那么就只能再去找下一个人提问。

✧ 每次向他人提问时，请握住对方的手说"请问……"，对方无论回答"yes"或"no"，都要说"谢谢你，很高兴认识你"。

✧ 收集了20个签名后，可以大喊一声"宾果"表示自己完成挑战。全体一起分享。

**引导学习者分享的问题：**

✧ 你是如何选择提问对象的？

✧ 很久都没有获得"yes"的回答时，内心有什么想法？

✧ 如果让你来提问，你会问什么？

✧ 完成时，感受如何？

**活动变式：**

✧ 将宾果游戏问题模板直接印制成工作纸，发放给学习者。

✧ 将其中几个方格空出，让学习者自行拟定提问关键词句。

**活动优势：**

✧ 活动趣味性高，参与度高，容易让人投入，信息内容丰富，可促进人与人之间的互动。

# 3.8 找"领 袖"

**活动预设目标:**

✧ 体验不同角色的定位。

✧ 换位思考,站在他人角度看问题。

**参与人数:**

✧ 总人数应不少于14人。

✧ 每组人数应不少于14人。

**活动道具:**

✧ 无。

**场地要求:**

✧ 教室内如果有桌椅,需要可以挪动到角落,或选择室外开放平整的场所。

**活动指导语:**

✧ 首先,需要选出两位学习者,作为志愿者远离活动现场,不能看到或听到带领者和其他学习者之间的交流。待现场布置完毕再回来。

✧ 待两位志愿者离场后,再找一位学习者扮演"镜子",其功能是将"领袖"的动作反射给其他学习者,即"领袖"做什么动作,"镜子"要完全复制该动作。

✧ 确认学习者中一人为"领袖","镜子"可站在其斜对面。"领袖"的任务是从容地连续地做出动作,如"刷牙""洗脸""挠耳朵""鼓掌"等。

✧ "领袖"做出连续的动作,"镜子"复制"领袖"的动作,其他学习者则复制"镜子"的动作。

✧ 演练3~5分钟后,让志愿者归来,告诉他们,在这一群人中,有一个是"领袖",即动作的发出者,让他们在限定时间内判断谁是真正的领袖。

**引导学习者分享的问题：**

✧ 作为志愿者，离场后的感受是什么？判断“领袖”时是怎么思考的？

✧ 作为“镜子”的感受是怎样的？

✧ 作为“领袖”的感受是怎样的？

✧ 作为配合者的感受是怎样的？

**活动变式：**

✧ 志愿者、镜子和领袖的选拔可以采用自主报名的方式，也可以由抽签决定。

**活动优势：**

✧ 对每个人的任务都存在一定的难度。

✧ 需要互相配合。

✧ 有顿悟体验，有助于理解换位思考。

# 3.9 我说你画

**活动预设目标：**

✧ 体会全局思维、清晰表达、准确回应。

✧ 体验有效信息沟通包括准确表达、用心聆听、思考质疑、澄清确定等。

**参与人数：**

✧ 无固定人数，人多人少均可适用。

**活动道具：**

✧ 样图及纸笔。

**场地要求：**

✧ 无特殊要求，有桌椅的教室更适合。

**活动指导语：**

✧ 首先，需要有一位学习者担当“传达者”角色，主动承担描述的任务。其余人作为“倾听者”，承担绘画的任务。

✧ “传达者”先看样图2分钟，然后背对全体“倾听者”描述样图内容。

✧ “倾听者”根据“传达者”的描述进行绘画，且不能看他人的绘画内容，也不能提问。

✧ 在限定时间内，“倾听者”完成绘画。所有人分享绘画内容，并分享感受与思考。

✧ 一轮结束之后，可更换学习者担任“传达者”角色，同时更换样图，让其可以看着“倾听者”进行描述，并同时允许“倾听者”提问。而后完成绘画任务。再次进行分享交流。

**引导学习者分享的问题：**

✧ 不能看到“倾听者”时，“传达者”内心的感受是怎样的？

✧ 不能提问时，“倾听者”内心的感受是怎样的？

✧ 作为“传达者”,怎样能够准确全面地指导“倾听者”?

✧ “倾听者”在什么情况下,能够更为准确地完成绘画任务?

**活动变式:**

✧ “传达者”始终不更换,为同一人,更换样图,减少个体差异,仅呈现沟通方式的差异。

**活动优势:**

✧ 有一些需要操作的任务,易于投入,不易分神。

✧ 有前后操作差异体验,容易感受出差别。

# 3.10 心有千千结

**活动预设目标：**

✧ 体会问题解决过程中沟通与聆听的重要性。

✧ 体会有效沟通与团队合作。

**参与人数：**

✧ 总人数不能少于10人。

✧ 每组10～14人为宜。

**活动道具：**

✧ 无。

**场地要求：**

✧ 室内外开放场所均可，教室内需可以挪动桌椅，或选择面积较大的空场地。

**活动指导语：**

✧ 请每组学习者手拉手，面向彼此围成圆圈。

✧ 仔细听带领者给出的指令。请记住你的右手拉的是谁的左手，你的左手拉的是谁的右手。请务必记清楚，然后松开手。

✧ 请学习者在组内围成的圆圈上任意调换位置，使得原先相邻的人在改变位置后不再相邻。

✧ 面向圆心，先伸出你的右手，握住第一只遇到的左手，注意不要握错手。然后，在不松开手的情况下，想办法把结解开。还原成最初的那个圆，或者变两圆互锁的"8"字。

✧ 如果过程中有10分钟都处于没有任何进展的状态，可以要求获得一次"奇迹"，即带领者可以让任意两只相握的手松开变更交错重新握住，然后继续完成游戏。但必须全组学习者都同意获得"奇迹"，如果有一人认为还可以坚持再看看是否能解开，都要尊重其意见。

**引导学习者分享的问题:**

✧ 在游戏开始的时候,觉得难度如何?

✧ 在游戏过程中,想法是否发生了改变?

✧ 在遇到很长时间都没有进展时,彼此是如何沟通的?

✧ 最后解开的时候,内心的感受是怎样的?

**活动变式:**

✧ 小组竞赛方式,增加游戏的竞争感。

✧ 可采用计时的形式,促进自我挑战。

**活动优势:**

✧ 增加学习者间自然的肢体接触。

✧ 将沟通与合作紧密关联。

# 3.11 雪花飘飘

**活动预设目标：**

✧ 体会沟通过程中单向与双向、封闭与开放、盲目与探索的区别。

✧ 明确有效沟通的基础是双向沟通。

**参与人数：**

✧ 无总人数设定，人多人少均可适用。

✧ 每组8～12人为宜。

**活动道具：**

✧ A4纸若干张、剪刀若干把。

**场地要求：**

✧ 无特殊要求，有座椅的室内为宜。

**活动指导语：**

✧ 请每组学习者背对彼此围坐一圈。拿好纸和剪刀。

✧ 仔细听带领者发出的指令。在过程中专注于自己的任务，不要看他人的操作。剪纸的指令为：① 把纸对折、再对折，在左上角剪去一个正方形，请将减下来的那个正方形装在自己的口袋里，并在活动过程中不要随意乱丢纸屑。② 将手中的纸再对折，在右上角剪去一个等边三角形。③ 将手中的纸再对折。在中间剪去一个半圆。剪纸过程中不允许提问和交流。

✧ 完成剪纸后，请把你的作品先放到口袋里。开始第二轮剪纸，第二轮的指令为：① 请将手中的纸长边朝上下、短边朝左右拿着；② 将纸左右对折，再上下对折。在现在的图形左上角剪去一个边长1厘米左右的正方形。③ 将手中的纸再对折，在右上角剪去一个边长为1厘米的等边三角形。④ 将手中的纸再对折。在中间剪去一个直径1厘米的半圆。剪纸过程中可以提问和交流。

✧ 展开剪好的两份作品，进行比较和组内的分享。

**引导学习者分享的问题：**

✧ 第一轮剪纸时的感受是怎样的？

✧ 第二轮剪纸和第一轮的不同之处是什么？

✧ 什么是有效的沟通？

**活动变式：**

✧ 指令可以变化为：将长方形纸横向拿好，由左向右折1/3，再由右向左折1/4，在左下角剪去一个边长为2厘米的等腰三角形。将剪剩的纸上下对折，由左向右折1/4，再由右向左折1/3，在右下角剪去一个边长为1厘米的等腰三角形。

**活动优势：**

✧ 有一些需要操作的任务，易于投入，不易分神。

# 3.12 20句“我是谁”

**活动预设目标：**

✧ 强化自我认识。

✧ 促进自我接纳。

**参与人数：**

✧ 无总人数设定，人多人少均可适用。

**活动道具：**

✧ 纸、笔若干。

**场地要求：**

✧ 无特殊要求，有桌椅的室内为宜。

**活动指导语：**

✧ 首先，在纸上写出20句“我是怎样的人”，要求尽量选择一些能反映个人风格的语句，避免出现类似“我是一个男生”这样的句子。句型结构如下：

我是一个______________________________的人。

✧ 然后将陈述的20项内容归类：① 身体状况（属于你的体貌特征，如年龄、身高、体形等）。② 情绪状况（你常持有的情绪情感，如乐观开朗、烦恼沮丧等）。③ 才智状况（你的智力、能力情况，如聪明、灵活、迟钝、能干等）。④ 社会关系状况（与他人的关系，如何与别人应对进退，对他人常持有的态度、原则，如乐于助人、爱交朋友的、坦诚的、孤独的等）。

✧ 接着评估一下你对自己的陈述是积极的还是消极的。在你列出的每句话的后面标记加号（＋）或减号（－）。加号表示这句话表达了你对自己肯定的、满意的态度，减号的意义则相反，表示这句话表达了你对自己否定的、不满意的态度。标完后看看加号和减号的数量各是多少。如果肯定的、满意的态度数量超过否定的、不满意的，那就说明你的自我接纳状况良好。相反，如果你的减号数量接近总数一半甚至超过一半，你可能需要思考一下是否存在对自我的不接纳？是否过低地评价了自己？是什么原因造成的？该如何改善？

**引导学习者分享的问题：**

✧ 从他人的分享里，是否发现某些积极的评价其实也适用于自己？

✧ 与他人交流之后，对自己的某些评价是否会发生变化？

**活动变式：**

✧ 可以每个人只分享一句，轮流表达。有助于看到更多相似点或不同点。

**活动优势：**

✧ 操作简单，能够在短时间内对自我有更多的内省。

# 3.13　他人眼中的我

**活动预设目标：**

✧ 探索自我发展历程，增强自知。

**参与人数：**

✧ 无总人数设定，人多人少均可适用。

**活动道具：**

✧ 纸、笔若干。

**场地要求：**

✧ 无特殊要求，有桌椅的室内为宜。

**活动指导语：**

✧ 请在如图3.1、图3.2所示的方格中简单描述不同人物对你的看法、评语及任何难忘的正面和负面的经历。

✧ 除非有充分理由，否则不应留有空白处。

| | | |
|---|---|---|
| | | |
| 父亲 | 母亲 | 老师 |

图3.1　他人眼中的我(1)

| | | |
|---|---|---|
| | | |
| 一位重要人物 | 一位重要人物 | 自己 |

图3.2　他人眼中的我(2)

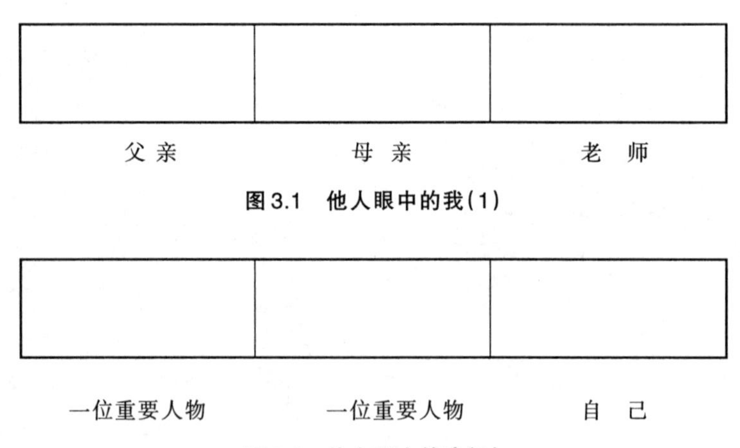

**引导学习者分享的问题：**

✧ 你对哪一个人的看法最为重视？原因是什么？

✧ 最难填写的或资料最少的是哪一部分？原因是什么？

**活动优势：**

✧ 有一些需要操作的任务，学习者容易投入。

# 3.14 个人盾牌

**活动预设目标：**

✧ 强化个体对自己独特之处的接纳。

✧ 树立“我之所以为我”的积极态度。

**参与人数：**

✧ 无总人数设定，人多人少均可适用。

**活动道具：**

✧ 纸、笔若干，有彩笔更佳。

**场地要求：**

✧ 无特殊要求，有桌椅的为宜。

**活动指导语：**

✧ 根据下类问题的答案，每个人做自己的个人盾牌（见图3.3）。

✧ 有些用文字，有些用图画，在盾牌上可以按照自己的喜好安排位置与顺序。① 画出你出生到10岁中最重要的一件事。② 画出10岁到现在最重要的一件事。③ 画出你以前最成功的事项。④ 画出你过去最快乐的时刻。⑤ 画出你的一项专长。⑥ 画出你想要加强的技能。⑦ 列出你最欣赏自己的2～3项特点。⑧ 你生命中最重要的人物（2～3人）。⑨ 你记得童年最开心的一次经历是…… ⑩ 在你学习或生活中最有满足感的一个经历是……⑪ 你希望将来是什么样子？⑫ 如果你一向无往不胜，但目前只有一年可活，你将会做什么？⑬ 50年后，你从空中眺望此处，你的感受是……最想对谁说……⑭ 200年后，你希望别人怎样评价你？

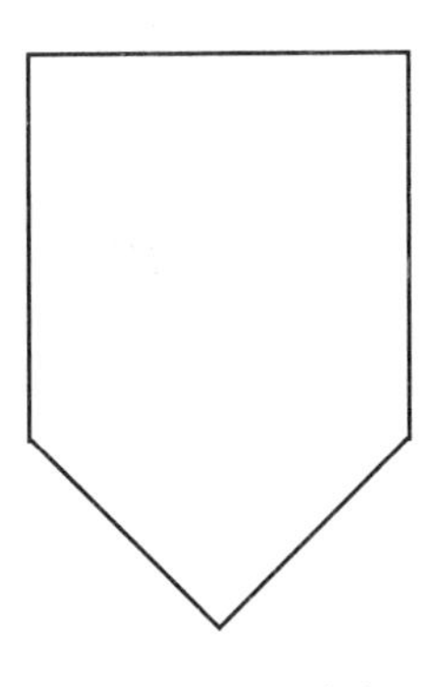

图3.3　个人盾牌

**引导学习者分享的问题：**

✧ 在做个人盾牌的过程中，你有什么感受？

✧ 完成过程中，哪些内容对你来说比较困难？

✧ 你对自己有了什么新的认识？

**活动变式：**

✧ 有些人绘画能力比较弱，可以在绘画的部分添加文字注释。

✧ 可以在学习者同意的情况下，让其他人去猜测其盾牌里的绘画内容。

**活动优势：**

✧ 有一些需要操作的任务，学习者容易投入。

✧ 能够在较短时间内促进学习者自我观察与思考。

# 3.15 马 蹄 队 列

**活动预设目标：**

✧ 体会沟通过程中单向与双向、封闭与开放、盲目与探索的区别。

**参与人数：**

✧ 无总人数设定，人多人少均可适用。

**活动道具：**

✧ 无。

**场地要求：**

✧ 无特殊要求，室内外均可，室内无桌椅为宜。

**活动指导语：**

✧ 现在开始，每个人都不能说话，不能互相交流。

✧ 我们要按照每个人的生日日期先后来排序，你觉得自己生日比较靠前就靠近带领者站，你觉得自己生日比较靠后，就远离带领者站。

✧ 大家站成马蹄形，站定后，从生日最早的人开始分享。

✧ 如果有错，可以全部分享完毕再调整。

✧ 第二轮马蹄队列，按照你想要活到多大年纪来排序，认为自己设想的年纪比较小的就靠近带领者站，认为自己设想的年纪比较大的就远离带领者站。

✧ 所有人站成马蹄形后，从离带领者最远的学习者开始分享。

**引导学习者分享的问题：**

✧ 哪些信息是即便不交流也比较容易站得准确的？

✧ 哪些排序是出乎自己意料之外的？

✧ 了解了别人的想法后，对自己的想法有没有影响？

**活动变式:**

✧ 允许增加一些非语言的交流方式,以减少站错的概率。

**活动优势:**

✧ 可以比较多地分享和了解到自我与他人的信息。

✧ 更多表达与自我有关的观念和思考。

# 3.16　现在的你，现在的我

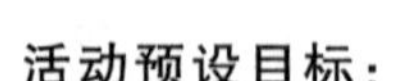

**活动预设目标：**

✧ 了解自己关注的焦点是自己还是他人。

✧ 了解自己感觉、情绪的敏感性。

**参与人数：**

✧ 无总人数设定，人多人少均可适用。

✧ 3～5人一组。

**活动道具：**

✧ 海报纸若干，笔若干。

**场地要求：**

✧ 无特殊要求，桌椅可移动的室内为宜。

**活动指导语：**

✧ 用贴在黑板上的海报纸上的语句开头，进行四个回合的交流，表述自己的所见、所感、所思，所想。

✧ ①“现在我看到……”(要求小组学习者相互观察，然后交流3分钟)。

✧ ②“现在我想……”(要求小组学习者相互观察，然后交流5分钟)。

✧ ③“现在我感到……”(要求小组学习者相互观察，然后交流5分钟)。

✧ ④“现在我想你感到……”(要求小组学习者相互观察，然后交流5分钟)。

✧ 每做完一个回合，都对做此练习的困难程度进行评分，按1～10打分，10分为最难；然后讨论一下各自的感受与体验，把对体验感受的描述写在黑板上。

**引导学习者分享的问题：**

✧ 请说出做完的四个回合中交流的不同点在哪里？

✧ 不同的交流带给每个人不同的体验，你的体验是什么？

✧ 被人关注时的感觉如何？

✧ 关注别人时的感受如何？

✧ 哪一个回合的练习最困难？为什么？有何体会？

**扩展思考：**

✧ 在刚才的四个回合交流中，我更习惯于哪种交流？

✧ 从我的习惯可以看出我有什么特点，即交流中我更关注什么？他人的行为是什么？我的想法是什么？我专注于自己的情绪体验还是在不断地猜测别人？

**活动优势：**

✧ 对促进人际交往中个体的习惯意识的反省有一定的作用。

# 3.17 行为诊所

**活动预设目标：**

✧ 审视个体在群体生活中存在的一些不合时宜的行为举止。

**参与人数：**

✧ 无总人数设定，人多人少均可适用。

**活动道具：**

✧ 纸、笔若干。

**场地要求：**

✧ 无特殊要求，有座椅的室内为宜。

**活动指导语：**

✧ 每个人将会拿到一张信息单（信息单根据不同文化、群体等情况编制），以下提供一个示例样本——不适当行为信息单。

① 经常磨蹭时间，无论上课还是与别人约见，习惯性迟到。

② 玩起来就没有限度和分寸。

③ 很少注意周围人对自己的反应，做出影响别人作息的举动也毫不在意。

④ 借用别人东西不按时归还或随意损坏。

⑤ 随意翻动他人的物品，从不打招呼。

⑥ 总喜欢别人恭维自己，只听好话。

⑦ 总喜欢同朋友开过分的玩笑。

⑧ 将别人要求保密的事泄露出去。

⑨ 喜欢插队、插话，从不考虑别人的私人感受。

⑩ 遇见老师、长辈假装没看见，继续做自己的事情。

⑪ 不理睬长辈的来访，只顾做自己的事情。

⑫ 在公开场合与异性朋友有过分亲密的举动。

⑬ 在公共场合吸烟。

⑭ 喜欢插话抢白,当众贬低他人。

⑮ 集体活动时,拉几个要好的朋友另搞自己的活动。

✧ 下发信息单,向学习者介绍信息单上的坏习惯,以及它们对人际关系和环境适应的影响,也可以列举一些案例,引起大家对这些不适当行为的思考。

**引导学习者分享的问题:**

✧ 做练习以前,你认为自己有哪些不适当行为?

✧ 通过练习,你是否发现了自己以前未曾察觉的不适当行为?

✧ 你认为这些不适当行为对你的影响如何?

✧ 你对于不适当行为有不同看法吗?

**活动优势:**

✧ 会引发较强的挫折感,与赞美不同。活动需要友好真诚的团体氛围。此项活动对个体的触动很大,对个体会有不同程度的帮助。

# 3.18 看你不一样

**活动预设目标:**

✧ 了解人际交往中的体态语言以及它对人际交往的影响,从而学习能促进交流的体态语言。

**参与人数:**

✧ 无总人数设定,人数不宜过多。

**活动道具:**

✧ 无。

**场地要求:**

✧ 无特殊要求,有座椅的室内为宜。

**活动指导语:**

✧ 请大家一起来做一个有趣的实验,希望大家能按照要求去完成,2人一组,完成以下任务:① 背靠背坐,用2分钟时间谈论“我们初次见面时的情景与感受”。② 肩并肩坐,用2分钟时间谈论“我们之间的共同点”。③ 面对面坐,目光注视对方膝盖,用2分钟时间谈论“我们之间的差异性”。④ 面对面坐,注视对方下巴,用2分钟时间谈论“我们在一起时最想做的一件事”。⑤ 面对面坐,目光对视,用2分钟时间谈论“我们一个共同的朋友”。

✧ 一个人说:“谢谢你的合作,有你的帮助,我真高兴,我喜欢你的……”,另一个人回答:“我也很高兴,谢谢你对我的肯定,你同样……”然后结束实验。

**引导学习者分享的问题:**

✧ 请分享各种状态下交流的感受。

✧ 在哪一种状态下进行交流感觉最好? 哪一种最差? 请给所有的状态排个顺序。

✧ 在不同坐姿下进行交流的心理体验是怎样的?

✧ 经过这个小实验,你有何感想?

**注意事项:**

✧ 在并肩谈话时,要特别注意学习者是否保持着规定的坐姿,目光是否注视对方。活动中应特别留意、关于目光的要求,尽力按要求完成。如带领者发现学习者状态有误,应及时纠正,让学习者真正有所体验。

**活动优势:**

✧ 对团体的合作性要求较高,气氛适中为好,过分活跃和过分沉闷都会影响交流的效果,从而影响对活动的体验与感受。

✧ 一些学习者对非言语信息敏感,但也有一些个体敏感性较低。

## 3.19 仙 人 指 路

**活动预设目标:**

✧ 增进相互了解,体验人际支持的重要性。

✧ 可以增加身体的自然接触,进一步融洽团队关系。

**参与人数:**

✧ 总人数不少于10人,不超过40人为宜。

✧ 2人1组。

**活动道具:**

✧ 眼罩若干,塑料绳索2卷,矿泉水若干。

**场地要求:**

✧ 无特殊要求,室内外均可,室内以无桌椅、地面平整为宜。

✧ 用矿泉水瓶和绳索排出有曲线的通道,宽度为可同时通行两人,设并行通道若干条。

**活动指导语:**

✧ 两人搭档中,一人带眼罩,另一人需要背着带眼罩的搭档前行。

✧ 带领者发出指令后,两人搭档即可进入通道,旁边的人可以给予提示,同时保障安全。两人搭档完成路程挑战后,下一个两人搭档接力继续。

✧ 全体学习者可以分成若干组,各组同时出发。每组派出一名学习者记录自己所在小组完成挑战的时间。

**引导学习者分享的问题:**

✧ 按照什么条件选择搭档和确定谁带眼罩?

✧ 带眼罩的人在活动过程中的感受及想法是怎样的?

✧ 背负者在活动过程中的感受和想法是怎样的?

✧ 完成时的心情是怎样的?

**活动变式：**

✧ 可以允许小组之间竞速；围观的人可以发出干扰的信息，增加挑战难度。

**活动优势：**

✧ 气氛活跃。

# 3.20 信任传递

**活动预设目标：**

✧ 增强个体对团体的信任感。

✧ 促进团体的凝聚力。

**参与人数：**

✧ 每组不多于16人，可以分为几组。

**活动道具：**

✧ 无。

**场地要求：**

✧ 无特殊要求，室内外均可，室内以无桌椅、地面平整、场所开阔为宜。

**活动指导语：**

✧ 第一阶段。16人一组围成圈，左右手与边上的学习者互握手腕，后退一步，每人的手臂伸开、拉紧，身体后仰，靠臂力拉住彼此，保持住平衡之后，圈子按顺时针或逆时针方向慢慢转动。若有学习者不慎摔倒，全组应等其起来后重新拉好，向反方向转动，做2次。

✧ 第二阶段。16人一组，14人面对面站成两行，面对面的双方，双手前举，互握对方的手腕，双肩与两边的学习者相隔一拳的距离，形成臂桥，构成一条传送带。

✧ 一个学习者站在传送带的一端，背朝传送带，然后仰面躺到传送带上，身体放松，可以闭上眼睛。

✧ 组成传送带的学习者要利用手臂的摆动，把躺着的学习者向传送带的另一头传递。在保证安全的前提下，动作细节可以自行商定。

✧ 等这位学习者被传递到另一端后，小组的最后一位学习者托住被传递学习者的头部，大家慢慢将其下。

✧ 传递带重组,换一人作为被传递者。每个学习者都应被传递一次。

**引导学习者分享的问题:**

✧ 进行第一阶段游戏时,感受如何?

✧ 进行第二阶段游戏时,作为被传递者,感受如何?

✧ 做第二个游戏时,作为传递者,感受如何?

✧ 做完游戏有什么体验想与大家分享?

**注意事项:**

✧ 安全第一。有伤病的同学不宜参加,但可以作为观察员、安全员。

✧ 摘除手表等硬物、挂件,把口袋里的物品检查一下,交给安全员保管。

**活动优势:**

✧ 能增进团队的整体关系,增强彼此的信任,气氛活跃。

# 3.21 一起站起来

**活动预设目标：**

✧ 通过身体接触，建立学习者之间的信任感。

✧ 理解承诺与坚持对合作的重要性。

**参与人数：**

✧ 不限，可以8人左右组成一个小组。

**活动道具：**

✧ A4纸若干张、剪刀若干把。

**场地要求：**

✧ 无特殊要求，室内外均可。室内以无桌椅、地面平整、场所开阔为宜。

**活动指导语：**

✧ 学习者可以两人一组，可以自由组合，也可以按规定分组规则。

✧ 请一组志愿者做活动演示，背靠背，屈膝坐在地上，当听到"起立"的指令后，要求两人背靠背同时站起来。

✧ 两人练习完成后，4人一组，同样背靠背坐在一起，要求听到"起立"后，同时站起来。要注意相互保护，并保证同时起立。

✧ 当4人练习完成后，再与另外一组合并，成为8人一组。凑不成8人一组的，可以将其中一组分散到各小组，成为9～10人一组，也可以7人一组。同样要求在背靠背坐着的情况下，同时站起来。开始前，可以给大家2分钟时间商量。

✧ 完成后，先一组围坐，大家分享感受讨论。最后全体一起分享各小组的感受与发现。

**引导学习者分享的问题：**

✧ 你觉得游戏的难度是否在不断增加？如果是，你认为难度增加的原因是什么?

✧ 大家同时站起来的要点是什么?

✧ 如何理解优势以及优势是如何转化的?

✧ 你此刻最想对大家说的一句话是什么?

**注意事项:**

✧ 强调注意安全,动作不宜过猛,一定要等同组学习者都准备好了再起身。

✧ 对于有伤病的同学和确实有困难的同学,欢迎他们担任场内安全员或观察员。

**活动优势:**

✧ 练习难度逐步提高。

# 3.22 时空之门

**活动预设目标：**

✧ 在不断的练习中促进团队合作。

✧ 通过不断磨合提高配合的默契度。

✧ 推动自我超越。

**参与人数：**

✧ 总人数不少于16人为宜。

✧ 适合人数较多，分组同时进行。

**活动道具：**

✧ 重量较轻的成人呼啦圈。

**场地要求：**

✧ 选择有空地的室内或开放平整的室外。

**活动指导语：**

✧ 8～16人一组均可，同组学习者手牵手围成圈。

✧ 呼啦圈挂在任意两人的手中间（形成呼啦圈套在人拉成的圈上的样子），全部学习者都要在手不松开的情况下穿过呼啦圈。

✧ 每轮开始前，可以练习5分钟。

✧ 第一轮结束后要记录完成耗时。第二轮开始前需设定一个目标耗时。第三轮挑战前需要设定小组的最短耗时目标。

**引导学习者分享的问题：**

✧ 第一轮的时候是否觉得有难度？

✧ 实现了最快耗时目标的感受是怎样的？

✧ 过程中有哪些改进是非常有效果的？

✧ 是否有不自觉的组间竞争？

**活动变式:**

✧ 可以增加两轮组间竞争的设计。

✧ 引导思考自我超越与组间竞争。

**活动优势:**

✧ 活动趣味性强,活动量较大,气氛活跃。

✧ 有一定挑战性,团队合作部分多。

# 3.23 啄木鸟行动

**活动预设目标：**

✧ 在合作中体验竞争，在竞争中学会合作。

✧ 强化团队合作以提高效率，改变思维方式以产生质的飞跃。

**参与人数：**

✧ 无总人数设定，人多人少均可适用。

**活动道具：**

✧ 每人1根20厘米左右长的塑料吸管、每组3根橡皮筋。

**场地要求：**

✧ 室内如果有桌椅，应挪动到角落，或者选择室外开放平整场所。

**活动指导语：**

✧ 每组12人，推荐产生1名组长。

✧ 每个学习者领取吸管1根，在组长带领下练习5分钟。

✧ 每个学习者把吸管衔在嘴里，把双手放在背后，扮成“啄木鸟”，口衔吸管传递“虫子”(用3根橡皮筋替代)。

✧ 相邻学习者之间迎面接力传递，橡皮筋只能用吸管传递，不能用手。如出现橡皮筋掉落的情况，一定要由本人在原地捡起后再继续传递。

✧ 每组均可计时，每轮反馈时长，不断提高速度。

**引导学习者分享的问题：**

✧ 是否有尴尬的感觉？

✧ 如何不断提高传递的效率？

✧ 是否很在意其他小组的速度？

**注意事项：**

✧ 提供的吸管可以有多种规格，不同长度、不同粗细等，但各组之间的总体规格、数量应相同,以保证公平。

✧ 在不违背游戏规则的基础上,允许尝试有创造性的方法。

**活动优势:**

✧ 活动趣味性高,活动量较大,气氛活跃。

✧ 有一定挑战性,团队合作较多。

# 3.24 大 脚 印

**活动预设目标：**

✧ 促进相互信任、相互鼓励与支持。

✧ 培养协作解决问题的能力，强化对团队精神的理解与感悟。

**参与人数：**

✧ 适合人数较多，至少分为2组，每组8～16人为宜。

**活动道具：**

✧ 运动绑带若干，与人数等同。

**场地要求：**

✧ 开阔平整的室内场地为宜。

**活动指导语：**

✧ 每组先两两合作，并排同向站立，用运动绑带绑住相邻的两条腿的脚踝处，试着两个人同时向前行走。

✧ 两两合作练习5分钟后，再4人合并练习，持续合并练习，直到全组同时用运动绑带把相邻的脚踝处都绑住，练习同时向前行走甚至奔跑。

✧ 划定同一个出发边线，若干组共同出发，到达对面指定终点，记录用时。

**引导学习者分享的问题：**

✧ 刚开始合作时，觉得能够很好地完成吗？

✧ 最后共同完成时，内心感受如何？

**活动变式：**

✧ 可以通过给部分人带上眼罩，增加活动难度。

**活动优势：**

✧ 运动量大，学习者间互动多。

✧ 能很好地体验团队合作。

# 3.25 吸管筑塔

**活动预设目标：**

✧ 发挥集体智慧，激发个人的想象力、创造力。

✧ 激发创意。

**参与人数：**

✧ 无总人数设定，人多人少均可适用。

**活动道具：**

✧ 吸管、纸夹、细绳、吸管清洁器、剪刀。

**场地要求：**

✧ 无特殊要求，以有桌椅的室内为宜。

**活动指导语：**

✧ 用所有手头的道具去建一个尽可能高的塔。

✧ 以直立高度为标准，不可以倚靠墙面、钉在地面上、人手扶立等。

**引导学习者分享的问题：**

✧ 你们组最初是以什么形式尝试的？

✧ 大家是否能就如何建塔达成一致？如果不是，最后是如何解决这一问题的？

✧ 做决策时，你扮演了什么角色？

✧ 筑塔时，别人什么样创意想法让你印象深刻？

**活动变式：**

✧ 根据塔的最终高度及综合结果（外形是否美观、结构是否稳固、用材是否科学、创意是否新奇等），评选出“最高”“最美观”“最省材”“最稳固”“最新奇”等的最佳作品。

**活动优势：**

✧ 可以较为充分地发挥学习者的创意。

## 3.26 穿越火线

**活动预设目标：**

✧ 共同解决问题，促进彼此信任。

✧ 促进互相支持合作。

**参与人数：**

✧ 5人及以上均可。人多时可分成若干组。

**活动道具：**

✧ 2根长绳索，可以系绳索的长条状的物体（排球网杆、树干等）若干。

**场地要求：**

✧ 开阔，有相邻树木的室外或排球场等。

**活动指导语：**

✧ 把两根绳索水平系紧在两个物体之间，两根绳索之间留出足够一人通过的空间，但需要别人的帮助才能通过。

✧ 绳索的高度取决于学习者的能力水平以及体格的大小等。

✧ 系好绳索后，学习者需要在以下条件的约束下成功从一边通过到另一边。① 任何人全程都不可以碰到绳索，否则所在队伍都要重新开始；② 必须有一人从较高的绳索上越过；③ 必须有一人从较低的绳索下爬过；④ 其余人必须从绳索之间穿过。不可绕过绳索。

**引导学习者分享的问题：**

✧ 你认为同组组员的表现如何？

✧ 这个挑战中最难的部分是什么？

✧ 为了取得成功，你们都做了些什么？

✧ 活动中，你是什么角色？

**注意事项：**

✧ 虽然是中低空项目，但依然要把安全保护工作做到位。

✧ 身体不舒适者可以选择做观察员或安全员。

**活动优势：**

✧ 具有一定的挑战难度，需要讨论和调整方案设计。

# 3.27 遵从指导

**活动预设目标：**

✧ 学会打破思维定势。

✧ 培养做事统观全局的思维习惯。

**参与人数：**

✧ 无总人数设定，人多人少均可适用。

**活动道具：**

✧ “遵从指导”的材料每人1份(见表3.2)、秒表1只。

表3.2 “遵从指导”游戏材料

| 这是一个强调速度的游戏。共30道题。请你先看一遍题目，然后在右边空白纸上按题目的要求做，速度越快越好。<br>做完后，请看看自己花了多少时间，能打破我们的纪录吗？ | |
|---|---|
| 1 | 在纸的正中间写上你的姓名 |
| 2 | 在姓名旁边写3个“好”字 |
| 3 | 把你的性别和生日写在纸的右上角 |
| 4 | 在纸的最上方写上今天的日期 |
| 5 | 在纸的左下角画3个正方形 |
| 6 | 在这3个正方开外各画1个圆 |
| 7 | 再在这3个正方形里各画1个三角形 |
| 8 | 在你的姓名上方写上你父母的姓名 |
| 9 | 把你们3人的生肖属相分别写在姓名的旁边 |
| 10 | 把你的生日数字挨个相加起，把答案写在生日的下面 |
| 11 | 在纸的左上角写出你所读过的1所学校的名称 |
| 12 | 把你最喜欢的一样东西写在纸的左边 |
| 13 | 把你最讨厌的一样东西写在纸的右边 |

续表

| | |
|---|---|
| 14 | 在纸的右下角画5个五角星 |
| 15 | 在你的姓名下面画1条波浪线 |
| 16 | 在父母的姓名旁边写上他们的生日 |
| 17 | 算算你父亲比你大多少岁 |
| 18 | 算算你比你母亲小多少岁 |
| 19 | 再看看你父母相差多少岁 |
| 20 | 在你最讨厌的东西上打× |
| 21 | 在你最喜欢的东西旁边画1个图形 |
| 22 | 接下去的3题你不用做 |
| 23 | 将题目前面的单数题号圈出来 |
| 24 | 在题目前面的双数题号上打√ |
| 25 | 在纸的下端写出28乘以82的答案 |
| 26 | 把第7题中你所画的三角形全部涂黑 |
| 27 | 在纸的下端写出350除以7的答案 |
| 28 | 看完后你只需要做第1题和最后2题 |
| 29 | 数一数当你“幡然省悟”时已做了多少题 |
| 30 | 在你的姓名下面写上“遵从指导我第一” |

**场地要求:**

✧ 无特殊要求,以有桌椅的室内为宜。

**活动指导语:**

✧ 所有学习者都须单独完成该挑战。

✧ 拿到材料纸后,请抓紧时间完成,这是一个强调速度的游戏。

✧ 完成之后,请保持静默,等待他人完成,再共同分享。

**引导学习者分享的问题:**

✧ 拿到材料纸时,你的第一反应是什么?

✧ 你是什么时候发现其中的“特殊安排”的,那时的感受和思考是什么?

✧ 生活里有没有类似的经历?

**注意事项：**

✧ 指导时可以着重强调一下“速度”。

✧ 指导语只说一遍。

✧ 严格要求不能交头接耳，避免影响他人的体验。

**活动优势：**

✧ 使学习者深刻感受与思考定势对个人的影响。

# 3.28 突破雷阵

**活动预设目标：**

✧ 培养勇于尝试、不断探索的精神。

✧ 培养创新意识，突破思维定势。

✧ 培养善于总结经验和吸取经验教训，提高避免同样错误和复制成功的能力。

**参与人数：**

✧ 每组14人为宜。

✧ 1个带领者负责不超过2组学习者。

**活动道具：**

✧ 雷阵图道具（见图3.4）、计时器和纸笔。

| **109** | 110 | **111** | **112** | **113** | **114** | **115** | **116** | **117** | **118** | 119 | 120 |
|---|---|---|---|---|---|---|---|---|---|---|---|
| 97 | **98** | **99** | 100 | 101 | 102 | **103** | 104 | 105 | **106** | **107** | 108 |
| 85 | 86 | 87 | **88** | **89** | **90** | 91 | **92** | 93 | 94 | **95** | **96** |
| **73** | **74** | **75** | **76** | 77 | 78 | 79 | **80** | 81 | **82** | 83 | 84 |
|  |  |  | 67 | **68** | **69** | **70** | 71 | **72** |  |  |  |
|  |  |  | **61** | **62** | 63 | **64** | **65** | 66 |  |  |  |
|  |  |  | 55 | 56 | 57 | 58 | **59** | **60** |  |  |  |
|  |  |  | **49** | 50 | **51** | 52 | 53 | 54 |  |  |  |
| 37 | **38** | **39** | 40 | 41 | 42 | **43** | **44** | 45 | **46** | 47 | **48** |
| **25** | 26 | 27 | **28** | **29** | **30** | 31 | 32 | **33** | **34** | 35 | 36 |
| 13 | **14** | **15** | 16 | 17 | 18 | **19** | **20** | 21 | 22 | 23 | 24 |
| **01** | 02 | **03** | 04 | **05** | 06 | **07** | 08 | **09** | 10 | **11** | 12 |

图3.4 雷阵图

**场地要求：**

✧ 无特殊要求，室内外均可，室内开阔无桌椅为宜。

**活动指导语：**

✧ 在限定时间内，所有学习者从雷区的入口进入，依次通过雷阵，尝试到达雷区的另一边。

✧ 一次只允许有一个人进入雷区。雷区内的学习者每步只能迈进相邻的格子里，不准跨格子前进或用脚尖试探；雷区中每走一步未被确认的新格子要听带领者的口令，口令有两种："请继续"示意学习者继续前进；"对不起，有雷，请原路返回"，学习者退出雷区，换另一学习者进入。

✧ 全体按时完成计100分，每违规1次扣5分。违规现象分为四种：重复触雷，未按原路返回，踩线或未进入相邻的格子，进入雷区的人数多于1人。

✧ 一组挑战需每个学习者依次进入，全体都进入过，才能从头再来。

**引导学习者分享的问题：**

✧ 最初看到活动时认为难度如何？

✧ 反复重来或违规时，内心感受和想法如何？

✧ 走了一大半却发现似乎无路可走时，内心感受和想法是怎样的？

✧ 团队讨论和决策有什么价值？

✧ 当有人提议走入主观上的"禁区"时，内心感受如何？

✧ 突破定势后的收获是什么？

**活动变式：**

✧ 两组学习者可同时参与，以体验竞争与合作的共存，以及共赢的概念。

**活动优势：**

✧ 有大型道具，规则较为复杂，挑战性强。

✧ 容易受到定势思维影响，一旦突破，会给学习者留下深刻印象。

# 3.29 手指的力量

**活动预设目标:**

✧ 让学习者认识到在目标一致的情况下,合作可以带来无法估量的强大力量。

✧ 让学习者认识到任何人在合适的条件下,都可以最大限度发挥自身的潜能。

**参与人数:**

✧ 20人以上为宜。

**活动道具:**

✧ 足够厚的海绵垫。

**场地要求:**

✧ 无特殊要求,室内外均可。

**活动指导语:**

✧ 从学习者中选择1名作为试验者,体重适中。自荐为宜。

✧ 另需要16名学习者提供"手指的力量"。

✧ 试验者平躺在海绵垫上,双臂抱胸。

✧ 另外16个人各伸出1个食指,分别顶住试验者的头部、颈部、肩膀、后背、臀部、大腿、小腿、脚。

✧ 准备就绪后,喊一声"1,2,3",大家一齐向上用力,就能把试验者托举起来。

✧ 再从学习者中选一位体重更重的,重新做一次,看结果如何。

**引导学习者分享的问题:**

✧ 刚开始,你认为挑战可以完成吗?

✧ 完成之后,你的感受和思考是怎样的?

**注意事项：**

✧ 安全防护要到位。由于对于试验者来说，脱离地面有一定的危险性，所以他身下要有足够厚的海绵垫。同时，要提醒参与挑战的其他学习者注意安全。特别是当学习者用手指顶住试验者的后背或肩膀部位时，试验者可能会因感觉痒而发笑，这样会引起其他学习者发笑而导致大家的用力不一致。

✧ 刚开始选取的试验者体重不宜太重，第二次可选取体重较重或最重的。身体功能欠佳者（哮喘、心脏病等患者），不宜参加此游戏活动。

**活动优势：**

✧ 看上去有点像不可能完成的任务，任务主观难度高。

✧ 一旦完成后，体验深刻，感受鲜明。

# 3.30 孤 岛 求 生

**活动预设目标：**

✧ 体验突破思维定势的意义，培养创新与风险意识。

✧ 感受信任与合作对于完成任务的重要性，培养团队的整体意识。

**参与人数：**

✧ 一组14人为宜，多组共同进行效果更好。

**活动道具：**

✧ 每组道具套装包括3条绳索（用于圈出3个“孤岛”）、1个模拟桥梁（可以用喷塑道具或报纸等代替）、2双道具筷子、1个塑料桶、5个网球、1套任务书、2张A4白纸、2个生鸡蛋、1段50厘米的透明胶带、1支笔、5个眼罩。

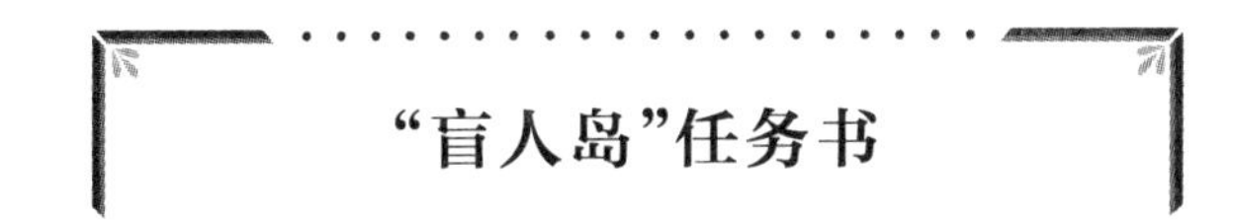

## “盲人岛”任务书

一、任务

1. 将1个网球投入桶中。

2. 将所有人集中到同1个地方。

二、可用资源

1. 数个网球。

2. 学习者的聪明才智。

三、周边地形

学习者现在位在“盲人岛”上，周边是激流，水流湍急并布满漩涡，任何试图通过激流离开“盲人岛”的企图都是徒劳的，只要触及激流，就会被冲回“盲人岛”。在远处的岩石上固定着一个桶。

四、规则

1. 为了安全，你们不得踏入激流。

2. 在整个过程中你们不得摘去眼罩。

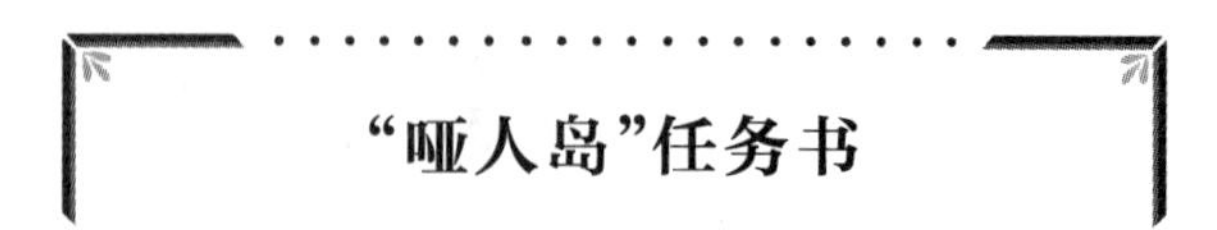

## “哑人岛”任务书

一、任务

1. 帮助“盲人”。

2. 将所有人集中到同一个地方。

二、可用资源

1. 1个模拟桥梁。

2. 你们的聪明才智。

三、周边地形

你们现在位于“哑人岛”上，周边水流湍急，任何从岛上坠落的物品，都将被水流冲至“盲人岛”。

四、规则

1. 任何物品、任何人触及水流，将被迅速冲至“盲人岛”。

2. 在“盲人岛”上的“盲人”们完成第一项任务前，你们不得使用模拟桥梁。

3. 在完成任务前，你们不得用嘴发出任何声音。

4. 只有“盲人”可以触球。

5. 你们是唯一可以使用模拟桥梁的群体。

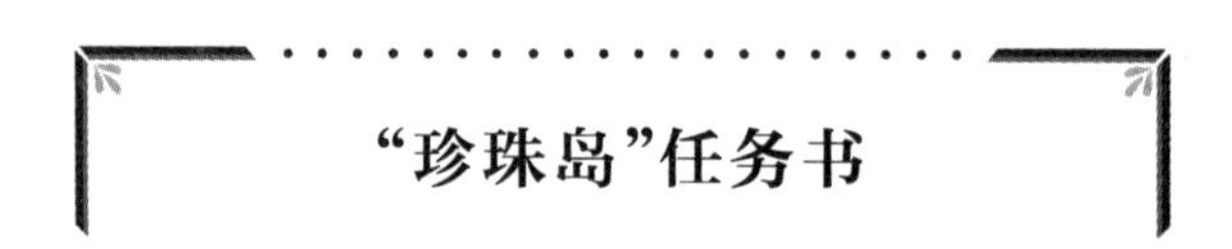

## “珍珠岛”任务书

一、任务

1. 外包装设计：使用岛上资源，即2张纸、4根筷子、50厘米的透明胶带，为2个鸡蛋设计外包装。

2. 质量要求：站在岛上，双手持包装好的鸡蛋，双手平伸，然后松开手，落下的鸡蛋需保持完好。

3. 集合队伍：将所有人集中到“珍珠岛”上。

4. “珍珠岛”决策：你们正随着一艘游船漂浮在太平洋的海面上，一场大火烧毁了船身及大部分内部设备，游船漂流到“珍珠岛”后沉没。由于航海仪器损坏，你们不知道自己所处的位置。最近的陆地大约在西南方向1500千米处。

下面将给出15件未被大火烧毁的物品(见表3.3)。你们的任务是把这15件物品按重要程度排序。

表3.3　未被大火烧毁的物品

| 物　品 | 序　号 |
| --- | --- |
| 指南针 | |
| 剃须镜 | |
| 1桶25千克的水 | |
| 蚊帐 | |
| 1桶压缩干粮 | |
| 若干太平洋海区图 | |
| 1个救生圈 | |
| 1桶9升的油气混合物 | |
| 小半导体收音机 | |
| 驱鲨剂 | |
| 5平方米的不透明塑料布 | |
| 1瓶烈性酒 | |
| 15米的尼龙绳 | |
| 2盒巧克力 | |
| 钓鱼具 | |

二、周边地形

你们现在位在“珍珠岛”上,周边是激流,水流湍急并布满漩涡,任何触及激流的物品都将被冲至“盲人岛”。“珍珠岛”中央部分非常坚固,但当遇到强大压力时,周边的松软土地将崩塌。

三、规则

1. 岛不能移动;

2. 岛的边界不能改变;

3. 所有物品、所有人踏入激流,将即刻被冲至“盲人岛”。

**场地要求:**

✧ 室内外均可,室内以有开阔的场地、无桌椅为宜。

**活动指导语:**

✧ 每组学习者可以自行分成3拨,一拨人数最少,一拨人数最多,一拨人数居中。

✧ 先给人数最少的一拨带上眼罩，带领前往“盲人岛”，按照任务书将可以告知的内容对所处环境与注意事项进行说明；

✧ 再将人数居中的一拨的带往“哑人岛”，告诉他们“从现在开始，你们就成了哑人，任何人不许用嘴发出任何声音，如果违规，将进行‘惩罚’或‘取消资格’”。

✧ 将最后一拨人带至“珍珠岛”。

✧ 将“珍珠岛”任务书、鸡蛋、笔、白纸、筷子与胶带发给远离其他岛方向的那个学习者；

✧ 将任务书交给“哑人岛”任一人，最后将“盲人岛”任务书悄悄塞到一名学习者手里，告诉他千万不要轻易交给他人，并将网球分发给不同的学习者；

✧ 宣布任务开始，开始计时。

**引导学习者分享的问题：**

✧ 刚开始，你认为挑战可以完成吗？

✧ 作为“盲人”，你的感受和想法是怎样的？

✧ 作为“哑人”，你的感受和想法是怎样的？

✧ 作为“健全人”，你的感受和想法是怎样的？

✧ 完成的时候，你的感受和思考是怎样的？

**注意事项：**

✧ 如果有人做过此项目，可以和带领者一起做观察员或记录员。

✧ 过程中“盲人”移动时要注意安全防护。

**活动优势：**

✧ 任务主观难度高，有助于激发学习者的创造性。

# 附录　学习者心得集锦

## 他们与“心理拓展与团队训练”一起走过

曾经的体验者，如今大多已完成了学业，走上了工作岗位。

在他们的青葱岁月里，“心理拓展与团队训练”这门课程曾经与他们一起走过一段快乐美好有收获的时光。

本书选取9位学习者的心得，是希望大家了解分享的乐趣，也是为了向曾经选修本门课程的同学表示感谢。

如果你愿意，欢迎将心得发至笔者邮箱：imena80@ustc.edu.cn。我们将在后续作品与更多的人分享你的心声。

## 丁丁：

从中国科学技术大学毕业已经快3年了。时间过得很快，抹去了很多回忆，但我仍然可以回忆起您的课程的名称——心理拓展与团队训练。这门课程给了我一些很有意思的经历。今天看到您的邮件，好像突然在积雪下翻出了一些东西，让我回忆起了这段过往。

"我在读本科的时候就已经选修过很多门的心理学类课程，我希望借助心理学课程让自己在性格方面有所突破，事实也如我所愿，所以后来的我决定选修这门课程。"我清楚地记得这段话，是因为我在第一堂课的时候曾上台发言，当时说的就是这段话。我记得我当时非常紧张，但是课堂的氛围非常宽容，并没有人对我提出过多的要求，这让我感到非常自在。包容是我在课堂上收获的第一个感觉。

过了这么久，我仍然记得起来参加过的一些活动。这些活动让我们很快地团结为一个整体，并且彼此熟络起来。其实在很多活动中我都表现得很不怎么样，但重要的并不是结果，而是我在这些活动中理解到我并不需要每件事情都强过别人，我们是一个整体，大家各有长短，贡献彼此的力量、相互扶持才是团队合作的真谛。在有关信任的活动里面，我第一次在很短的时间内战胜了恐惧，学会信任队友，把自己放心地交给队友。看到别人从那么高的地方直直地掉落下来，我内心是很抗拒的，说不上怕什么，就是很抗拒。但老师仍然在很耐心地鼓励我们每一个人，并让周围的队友一起鼓励我们，让我们有机会挑战自己。鼓励，这是我在课堂上收获的第二个感觉。

包容和鼓励两个词也让我在之后的日子里勇敢去尝试去做了一些事情。如果说课堂是让人有收获的地方，那么这门课程对我而言，无疑是令人收获满满的。

**文学：**

自课程结束至今，已经两年之久了。对于即将毕业的我来说，“心理拓展与团队训练”这门课是我在中国科学技术大学学习期间最美好的回忆之一，它让我学会了如何了解自己，也让我在其中收获了友谊。

刚进入中国科学技术大学这所新学校时，生活环境、学习特点、人际关系等因素的改变，使我感到有些不适应，以致影响到了学习和生活，所以我当时选择了这门课程。宋老师上课非常有经验，上课形式和内容等方面都非常好。

在授课过程中，宋老师还十分鼓励我们开展交流讨论，这样不仅能获得更加全面的认识，也能对我们的心理进行训练。在交流过程中，我们交到了许多朋友，这拉近了学生之间的距离、活跃了课堂气氛。更可贵的是，课程的设置也帮助我们解决了许多实际的问题。比如，我是“慢热型”性格的人，不喜欢主动和别人交流，畏惧在公共场合发表自己的意见。但我也在这门课中找到了解决方法，在心理上先建立起自信心，不怕被别人拒绝，主动热情地和别人交流。

通过在课堂上和不同年级、不同专业的同学交流互动，一起参加活动，我慢慢地打开了心结，建立了自信，也收获了友谊。

升：

最初选择这门课是觉得这门课应该很有意思，类似素质拓展那样。后来发现比素质拓展更有意思，每节课都有一个新的项目（游戏）等着我们。纵使游戏的类型多种多样，但每一节课宋老师都在强调着同样的问题：你们的目标是多少？你们觉得还有进步的空间吗？目标设定又是多少？还能够再突破吗？我想这就是团队的意义所在吧！设定目标、不断调整、不断突破，没有最好，只有更好。团队的进步来自于每位成员的进步，更出色的团队来自于每位成员更无间的配合。

给我印象最为深刻的是"期末大作业"，我们"向日葵小分队"以志愿者的身份来到合肥的一处敬老院进行了为期一天的、以环保为主题的走访活动，和老人们聊天谈心，透过他们的视角来了解合肥的环境变化。采访之余，我们还和工作人员一起包了饺子。这是一次温情而又有意义的"大作业"。

如果你问我，通过宋老师的这门课，我收获了什么。我想说，收获有很多。首先，这门课使我在繁忙的课程之余，身心得到了极大的放松，忘掉自己的专业，忘掉自己的性别，在一场场单纯的游戏中共同努力，实现理想的目标；其次，我对团队的理解更为深刻了，作为团队中的一员，我对自己的定位更加清晰；最后，我收获了友谊，结识了新的朋友。我们的团队中有来自其他研究所的同级生，也有本校的博士学长和学姐。通过这门课程我们得以认识彼此，并成为了好朋友。在我写下这段话时，"向日葵小分队"的成员们虽已分布在不同的城市，但我们仍旧保持着联系。

我很幸运，选修了宋怡老师的"心理拓展与团队训练"课程，那是一段轻松、愉快、令人难以忘怀的时光。

## 吴起：

在中国科学技术大学的一年，我选的课可以分为两种，一种是被动地听，另一种是主动地参与。

时隔一年，我再次回忆起在中国科学技术大学的点滴。那些专业课的情景早已随着岁月一起暗淡，但是那些需要主动参与的课程却还在我的脑海中留有深刻的印象。虽然，当时在参与的时候会感觉很紧张，但事后却总会感叹，那些时光过得太快。就像第一次坐过山车一样，在车上喊着叫着再也不来了，可是一下来又想再上去经历一次的那种刺激。

课上，老师好像都没有给我腼腆的机会，让我从第一节课就开始不断地突破自己，没有害羞，没有退却。当一个陌生人伸出友好的手时，我们甚至来不及多想，就这样认识了彼此，大家再也不需要好几个月的时间才能叫出班级上每一个同学的名字。后来我成为了其中一个小组的组长，也不知道当时哪来的勇气。课上，我做了很多以前遇到就尽量躲开的事情，如主动和陌生的同学联系并想办法一起合作，或在讲台上演讲，且不怕第一个上台等。

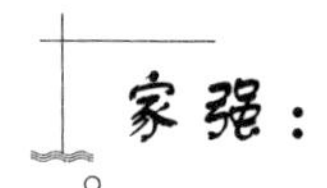


A小妹：请问这门课创立的初衷是什么？

B小哥：妹妹，你可能问错人了，哈哈！不过我还是换位思考地回答你这个问题吧。我想宋老师在创立这门课程的初衷就是想告诉同学们，无论在人生的任何阶段，我们都要学会和自己以及他人相处。一方面，要学会自我激励，自我理解，自我安慰等；另一方面，要学会在团队中充当不同的角色，恰当处理好与他人的关系。虽然，这有点像“鸡汤”了，但是如果在实际生活中真做到这些，我们的生活将远离烦恼、收获快乐。

A小妹：那么在心理拓展方面，你在课程中有学到什么好的做法吗？

B小哥：当然，在课程中，宋老师给我们推荐了一些经典的心理学书籍。除此之外，我觉得优良的心理建设，离不开自我批评、自我反思以及恰当地与他人沟通。在实际运用中，我会选择定时写自我感想、心路历程。此外，我也会在课下和朋友聊天，以及进行适当的运动等。

A小妹：听说宋老师特别注重团队实践，你参加了宋老师组织的实践活动，最深刻的感受是什么？

B小哥：我觉得，宋老师告诉我们学会做带领者，学会不断地转换自己的角色。在不同的角色上，用心体会他人的感受。活动中，大家会树立共同的目标，团队成员也会有很多分歧和摩擦，但是完成任务后，我们会收获到达成目标之外的很多东西。

A小妹：我替宋老师提一个问题，你觉得课程有需要改进的地方吗？

B小哥：我觉得课堂上的团队协作游戏，可以与时俱进，如狼人杀、杀人游戏等。此外，因为每周只有一次课，同学们见面的时间特别有限。在心理拓展方面，我觉得老师还要传输给同学一些方法论的东西。形式上可以采取6人组内分享自己一周的体会等。

A小妹：你觉得你学了这门课程，最大的收获是什么？

B小哥：我觉得课程告诉我，课程只是一个引文，后面的正文需要我在以后的生活中不断地去更新和完善它。我要特别感谢宋老师，以及与我一起合作分享的伙伴们。

## 思远：

到现在我仍然清晰记得，上第一节课时，老师让每个人告诉同伴自己选择这门课程的原因。我当时说，为了能够在繁忙的学习生活中有放松开心的时间，所以我选择体验这门课程。整个学期下来，我最大的体会就是：它确实没有让我失望。

在参加这门课程之前，我都曾经做过一些团队训练和素质拓展之类的活动。那时候的课程体验十有八九是很糟糕的。为什么呢？因为那时候的情况是这样的，一群不知从哪来的所谓拓展师，带着大家强行在室外拼命地做一些比较无聊的游戏，其中穿插着心灵鸡汤，仿佛这样做完说完，大家就能同心同德。其实不难想象，一群有独立意识的人对于这种"太过"的"教育"是很反感的。我个人其实还是比较喜欢拓展课的，但是那些体验让我心里觉得像被什么东西绑架了一样，结束了也觉得不舒服。而且更奇怪的是，从高中到大学，几年过去了，每次参加此类拓展课，游戏形式几乎没有过改变过，玩腻了的游戏再继续玩，还要装作很新鲜的样子，其实也是一种心理折磨吧……

在刚选这门课程的时候，我还是有这些担心，但是又打心眼里喜欢这样的课程，所以还是抱有一丝期盼。所幸遇到了一位好老师，我总觉得她有着四两拨千斤的力量。总体来讲，那学期的体验是非常愉快的，每一个活动体验，无论简单或复杂，都能给我们带来一些切切实实的收获。而且课堂气氛很轻松，没有人强迫你一定要完成什么、要体会出什么，没有人给你灌输那些所谓的"鸡汤"，身心都觉得很舒服。大家都有着自己的三观，在这门课上，不会有人强行向你施加他所认为的好的思想，每个人都能有自己的想法，并且有表达的机会。一学期下来，有些腼腆的小伙伴也变得开朗，相信对于他们来说，收获一定很大。

时间不等人，该走就走，从不停歇，而我也要匆匆赶往下一段旅程。可是我会永远怀念这半年的生活，这是一生都值得记住的时光。

## 栗翔：

总结写着写着就写到了期末，这门课是我在中国科学技术大学的一年中上过的最有意思的课了。我还挺不舍得结课的，感觉自己收获挺大。

可能是因为自己有点内向、放不开，刚开始，我总在课前总想着课后退课，到后来想去上课，但还是会紧张，再到后来逐渐放开，逐渐可以在团队中发挥自己的作用。我非常清楚地感受到这种心理变化，也深切地知道只有参与其中，充分发挥角色作用，才能真正有所收获。

这门课中，每次活动对我来说都是一次惊喜与挑战。我从这门课中还学到了一些道理，结交了一些朋友，也开了眼界——原来老师也可以这样不按套路地出牌，也可以疯得这么肆无忌惮。老师上课时说过的一句话让我很受影响——“在这门课里，可以做一个不一样的自己”。

很多时候，我们向前走得太快，偶尔需要驻足思考。我们需要时不时地审视过去的自己，总结下近来的变化，做一个自我体检。这门课之后感觉自己想得清晰了很多，其实很多努力不全是所谓的“瞎忙活”。一张纸捅破了不见得是坏事，你可以发现纸后面的另一个自己。

有的时候我们需要突破思维定势、老格局，要勇于创新。完成任务的方法是多样化的，我们要加强团队合作，善于观察，勤于思考，有所创新。不见得最安全的路就是最好的路，有的时候就是需要有所创新，打破常规，不按套路地出牌。

对于团队而言，信任是基石，大家共同努力才是关键。很多时候，目标的实现单靠个人的力量是不可能做到的，这就需要团队的力量。但在这个过程中，我们要彼此信任，这样才能共同渡过难关。要勇于在团队中承担角色，自己只有融入到团队之中，为团队出谋划策，才能真正地从中有所收获。我发现团队中的每个人都有或多或少的变化，如变得更活跃、逐渐放得开等。但个人成长的程度取决于对团队的贡献，领导者、组织者永远是收获最多的人。付出与回报在很多情况下都是成正比的！团队精神似乎很大，其实往小了说可以是“穿越雷阵”时的一句提醒等，那样简简单单的一句话，却足以体现队员间为了整体利益、目标的相互照顾。最后，这门课上的活动都很有意义，也很有意思，我觉得以后可以把这些活动推荐给更多的人，以增近大家的感情，增强团队的凝聚力。

## 锡雄：

作为一名只在中国科学技术大学学习生活了一年的代培生，能在第一学期就参与到这门课的学习中着实是一件幸运的事。我最初选这门课的目的很简单，一是完成学分计划，二是在第一学期多认识一些其他同学，多熟悉一下校园生活。在这门课上，我的计划超额完成了。

我一贯不喜欢人多的地方，总觉得人多就代表着危险。在做事的时候也经常是自己一个人完成任务，总觉得那样更有效率。曾经尝试过与团队一起合作，但到最后时常变成所有事都是我一个人的事。只要我决定不继续做下去，团队的工作就完成不了，无论我是队长与否。长此以往，团队的概念在我心里就慢慢淡化了，一个人就能完成的事为啥还要搭上其他人呢？

上这课的另一个更深层的目的就是想来回答这个问题。我认为我找到答案了。

团队建设课最重要的过程就是建立团队。为了测试自己的极限，我特意加入了班上人员成分最复杂的队伍，队员们来自五湖四海，来自不同学院，所学专业也大相径庭。很荣幸，我被其他同学推选为队长，队名为“超能跑战队”。开始时我认为差异如此巨大的个体聚集在一起时不会结合得太紧密，但没想到在后来的团队任务执行过程中，差异成为了我们的优势。

这一学期，我们翻过叶子，举过圈子，开过盒子，树过钉子，传过信子，出过点子。体验过成功的喜悦，也品尝过失败的滋味。人的经历不同，看待问题的角度就不同。因此，我们团队看待问题的角度就能比一个人努力时更加全面。比如，在做齐眉圈时，虽然失败了，但每个人都积极地为团队献计献策；驿站传书中，在经历了几次尝试后每个人都为完善方法而进行头脑风暴；更惊奇的是，第一次翻叶子时，我们是趁着一起起跳的瞬间，成功完成了任务。

经历过这些，问题的答案就自然浮现了出来：学习与相互学习。

每个人身上的特点、每个人为人处世的方法、每个人解决问题的态度都有值得我们自己去学习的地方。差别越大，学习的机会就越多。优点自然要借鉴，缺点也要设为警醒。只有不断学习，我们才会逐渐成长；自己闭门造车，造的再好也不过是井底之蛙。

## 思儒：

现在是晚上10点钟，我坐在家中的椅子上，回想我在中国科学技术大学学的第一学期。更准确地说，是回想我所修的这门公选课。对于我来说，选修这样一门课，主要是因为我对心理学比较感兴趣，想学习一些相关的知识。你们以为我会这样说对吧？呵呵，太天真了。其实主要是想混学分，谁知道院里老师说公选课不算毕业学分！是在逗我吗？愤怒的我假装给了自己两拳，为什么是假装呢？因为其实没啥愤怒的。因为我头一次觉得，一门课带给我的收获超过了学分本身的价值。这门课并没有采用传统的方式，只是告诉你团队的各种概念以及其他的无聊的名词，它带给我的是深刻的体验。将你在一个团队中，通过各种不同的任务、游戏加深了你对于团队的理解。在完成任务的过程中，你不仅会对团队有了更加深刻的认识，更重要的是，对我来说，我找到了自己在所建立的团队中的位置。我明白了每个人都有自己的位置，不管是显眼也好，低调也罢，对于一个团队来说，每个人在团队中的贡献、所起的作用都是不可或缺的，当然前提是你真正地投入到团队事务中。当你认真地上这门课，认真地完成老师所设定的任务时，你会得到非常有价值的、非常深刻的感悟。

当然，在人际交往方面，这门课也给予了我很大的帮助。它让我学会"敞开"自己。对于很多人来说，人际交往中的最大问题就是无法"敞开"自己，而这门课就是要帮助你做到这点。当然了，不是叫你去敞开衣服啊，而是要敞开你的内心。不论是独具特色的自我介绍方式，还是让人耳目一新的游戏环节，它好像都在告诉你，来吧，敞开自己，与你的伙伴们交流吧。如果说专业课是我们在学习的海洋中前进时，水手吃的菠菜，那么这门课就是菠菜里的调味料，会让菠菜更香，让作为水手的我们更加强壮。再多的就不说了，毕竟说多了也没有稿费，哈哈！总而言之，这门课真的很不错哦，希望有更多的伙伴们可以选修这门课，这真的是会带给你非常难忘的回忆的一门课。最后祝老师的课越来越火，新书大卖！

# 参考文献

[1] 卡尔·M·卡普.游戏,让学习成瘾[M].陈阵,译.北京:机械工业出版社,2017.

[2] 叶斌.青少年体验式学习实用手册[M].北京:北京师范大学出版社,2006.

[3] 钟永健.拓展[M].北京:高等教育出版社,2009.

[4] 李德诚,麦淑华.整全的历奇辅导[M].香港:突破出版社,2002.

[5] 麦淑华,邓淑英.成长体验[M].香港:突破出版社,2006.

[6] 周圆.团体辅导:理论、设计与实例[M].上海:上海教育出版社,2013.

[7] 郭戈.西方兴趣教育思想之演进史[J].中国教育科学,2013(1):124-155.

[8] J·巴格利.全球教育地平线:离我们到底有多远[J].北京广播电视大学学报,2012(6):29-34.

[9] P·埃根,D·考查克.教育心理学:课堂之窗[M].郑日昌,译.北京:北京大学出版社,2009.

[10] 段鑫星,赵玲.心理健康教育[M].北京:科学出版社,2003.

[11] A·班杜拉.自我效能:控制的实施[M].缪小春,等,译.上海:华东师范大学出版社,2003.

[12] 肖永春,齐亚丽.成功心理素质训练[M].上海:复旦大学出版社,2005.

[13] 时蓉华.社会心理学[M].杭州:浙江教育出版社,1998.

[14] 约翰·W·桑特洛克.毕业发展[M].桑标,等,译.上海:上海人民出版社,2009.

[15] 威廉·J·瑟勒,等.沟通力[M].北京:机械工业出版社,2016.

[16] 张麒.青少年环境适应团体训练手册[M].北京:北京师范大学出版社,2006.

[17] 胡礼祥.大学生领导力拓展与训练[M].杭州:浙江大学出版社,2011.

[18] 彼得·G·诺思豪斯.领导学的理论与实践[M].吴爱明,等,译.北京:中国人民大学出版社,2012.

[19] A·琼斯.美国学生游戏与素质训练手册[M].陈欣然,刘奥,译.天津:天津社会科学院出版社,2012.

[20] 钟向阳.大学生挫折管理与辅导[M].北京:北京师范大学出版社,2010.

[21] 杨敏毅,鞠瑞利.学校团体心理游戏教程与案例[M].上海:上海科学普及出版社,2006.

时间：________年______月______日

天气：____________________________

地点：____________________________

课程(项目)名称________________________________

- 此次学习体验的同行者：

________________________________________________________________________
________________________________________________________________________
________________________________________________________________________
________________________________________________________________________
________________________________________________________________________
________________________________________________________________________
________________________________________________________________________
________________________________________________________________________。

- 学习体验中，我的感受：

________________________________________________________________________
________________________________________________________________________
________________________________________________________________________
________________________________________________________________________
________________________________________________________________________
________________________________________________________________________
________________________________________________________________________
________________________________________________________________________。

- 学习体验中,我的表现:

________________________________________________________________

________________________________________________________________

________________________________________________________________

________________________________________________________________

________________________________________________________________

________________________________________________________________

________________________________________________________________

________________________________________________________________。

- 学习体验中,同行者的表现:

________________________________________________________________

________________________________________________________________

________________________________________________________________

________________________________________________________________

________________________________________________________________

________________________________________________________________

________________________________________________________________

________________________________________________________________。

- 我的收获与思考:

________________________________________________________________

________________________________________________________________

________________________________________________________________

________________________________________________________________

________________________________________________________________

________________________________________________________________

________________________________________________________________

________________________________________________________________。